The WANTED
NOSSA HISTÓRIA

Tradução
Elisa Christophe

1ª edição

BestSeller

Rio de Janeiro/2013

CIP-BRASIL. CATALOGAÇÃO NA FONTE
SINDICATO NACIONAL DOS EDITORES DE LIVROS, RJ

W221 The Wanted – Nossa história, do nosso jeito / The Wanted ;
tradução Elisa Christophe. – Rio de Janeiro: Best*Seller*, 2013.

Tradução de: The Wanted
ISBN 978-85-7684-680-2

1. The Wanted (Conjunto musical) 2. Cantores – Inglaterra – História
3. Músicos de rock – Inglaterra – Biografia. I. Título.

13-0575. CDD: 927.824166
CDU: 929:78.067.26

Texto revisado segundo o novo Acordo Ortográfico da Língua Portuguesa.

Título original inglês
THE WANTED – OUR STORY... OUR WAY

Publicado mediante acordo com a Macmillan Publishers Limited

Editoração eletrônica:
editoriarte

Impresso no Brasil

ISBN 978-85-7684-680-2

Seja um leitor preferencial Record.
Cadastre-se e receba informações sobre nossos lançamentos e nossas promoções.

Atendimento e venda direta ao leitor
mdireto@record.com.br ou (21) 2585-2002

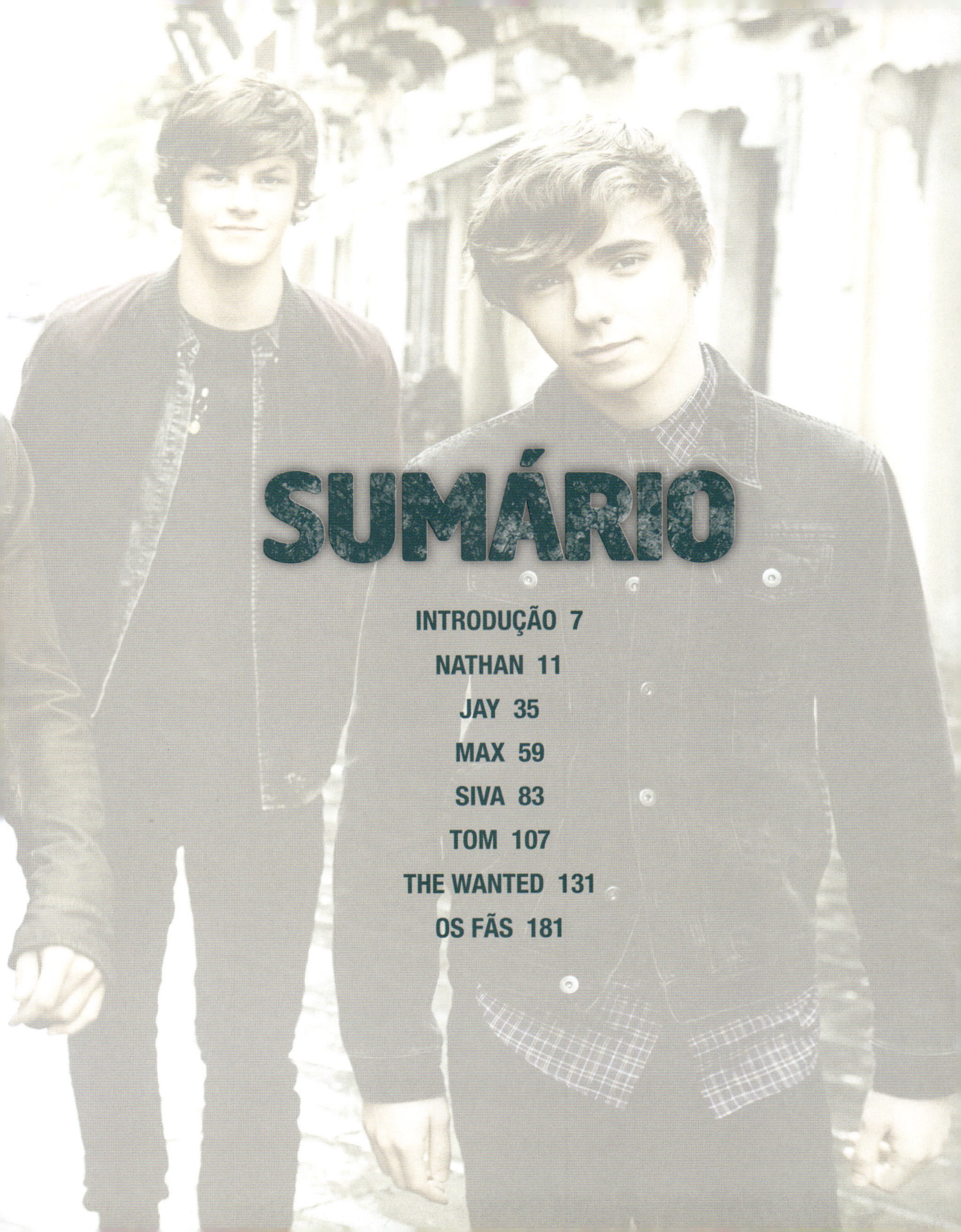

SUMÁRIO

Jay

INTRODUÇÃO

Nós já vivemos momentos incríveis! Tocamos em escolas minúsculas e em grandes estádios; fomos seguidos pelos nossos fiéis fãs por todo o Reino Unido, tivemos um single em primeiro lugar nas paradas; lançamos nosso primeiro álbum; trabalhamos com alguns dos melhores profissionais da indústria da música (e fomos para festas com alguns deles também!); participamos de programas de TV, de rádio e de cerimônias de premiação; ficamos extasiados, cansados, nervosos, felizes... tudo. O último ano foi um turbilhão de emoções para todos nós.

Amamos conhecer todos os nossos fãs, pessoalmente e on-line. Sem eles não estaríamos aqui, e nunca esqueceremos disso. Já passamos por tanta coisa juntos... Os fãs sabem muito sobre nós, mas tem muito mais que queremos dividir com eles. Cada um de nós tem uma história para contar sobre nossas vidas antes de fazermos parte do The Wanted. E, é claro, desde o primeiro momento em que começamos a cantar juntos, tem sido uma jornada incrível e emocionante. Embarcamos na viagem das nossas vidas. E esse é só o começo...

É difícil acreditar que cinco rapazes de famílias comuns foram presenteados com uma oportunidade tão extraordinária como essa. Nós somos muito diferentes uns dos outros, como você vai ver, mas há algo em que somos iguais: agradecemos muito pela chance que nos foi dada, não tenha dúvida disso. Somos constantemente surpreendidos por nossos incríveis fãs e pelo apoio que eles nos dão a cada passo que damos. Queremos tornar o The Wanted uma banda que ninguém vai esquecer.

Então, aqui vamos nós.
Esta é a nossa história, desde a nossa infância até o topo das paradas e além...

Nós somos o The Wanted.

Cantar com aquele grupo de caras parecia a coisa certa desde a primeira vez.

NATHAN

Sempre havia música na nossa casa. Minha mãe era professora de música e, mesmo quando eu ainda era bem pequeno, ela me levava para as suas aulas. Por isso, cresci escutando música. Como a maioria de vocês sabe, sou o caçula da banda, nasci em 18 de abril de 1993. Do meu quarto, sempre conseguia ouvir os alunos da minha mãe tocando no andar de baixo. Ela era uma professora excelente, principalmente de saxofone para jazz, então comecei a gostar de jazz muito cedo. Isso me levou a ser um grande fã de artistas como Michael Bublé, Whitney, Ray Charles, Michael Jackson e, é claro, Stevie Wonder! Mas também sempre havia álbuns do Take That na nossa casa.

Meu pai é gestor de segurança da saúde e também canta um pouco. Ele e minha mãe se separaram quando eu tinha oito anos, e toda vez que eu ia para a casa do meu pai ele pegava o violão e ficava tocando. É a mesma coisa com a minha irmã mais nova, que também é muito musical. Todos os meus tios tocam instrumentos e um deles é um pianista incrível. A música embalou a minha infância. Talvez seja por isso que eu não consigo viver sem ela agora.

A música embalou a minha infância. Talvez seja por isso que eu não consiga viver sem ela agora.

Comecei a tocar piano muito cedo, mas desisti na terceira série, quando minha irmã mais nova, Jessica, começou a ficar tão boa quanto eu – fiquei arrasado! Eu realmente não gostava de piano clássico naquela idade, o que me levou a escrever meu próprio material e colocar a minha pegada nas músicas que eu amava, cantando versões de canções pop em ritmo de jazz, por exemplo.

Cresci em Gloucester. O lugar em que nós morávamos era legal, não era uma área barra-pesada nem metida a besta, era apenas "normal", um local comum para se viver. Estudei na Longlevens Infant School, que era uma boa escola, aliás. Uma das minhas lembranças mais antigas é de cair no playground e bater bem forte com a cara no chão. Ralei metade do meu rosto e me lembro do professor tirando pedrinhas da minha bochecha por um tempão. No geral, gostava da escola. Aprendi muito, fiz vários amigos, e foi lá que o lado sarcástico da minha personalidade apareceu!

Na primeira vez que me apresentei na frente de uma plateia, tinha apenas 6 anos. Estava num acampamento de férias, e simplesmente peguei o microfone e subi no palco. Adorei aquilo, e cantei "Deeper Shade Of Blue", do Steps. Estava vestindo uma roupa amarela horrível. Mas, fora isso, foi ótimo! A partir daquele momento fiquei obcecado.

Mesmo naquela época, eu costumava cantar o dia todo – adoraria ter sido melhor em futebol, não me leve a mal, mas cantar era o que eu mais gostava de fazer. Infelizmente, vários garotos da minha turma odiavam e, para ser sincero, levei muito desaforo para casa. Alguns dias eram difíceis, outros nem tanto. Eu diria que passei por aquilo que a maioria das crianças passa. Quase todo mundo tem alguma experiência com bullying em algum momento da vida.

Lembrando disso agora, o bullying era meio patético. Às vezes era porque eles não gostavam da música que eu escutava – o primeiro show a que fui, por exemplo, foi do S Club 7. Depois, quando eu tinha 10 anos, participei de uma competição para crianças num programa de televisão chamado *Karaoke Kriminals*, cantando uma música da Britney Spears. Pode soar meio bobo – e eu preferia ter cantado Boyz II Men, que foi o primeiro disco que comprei na vida –, mas mesmo assim ganhei, e fiquei muito orgulhoso disso. Parte do prêmio era conhecer e dar um beijo na Britney Spears. Os garotos da escola me zoaram um bocado por causa disso – "Aaarrggh! Você beijou a Britney

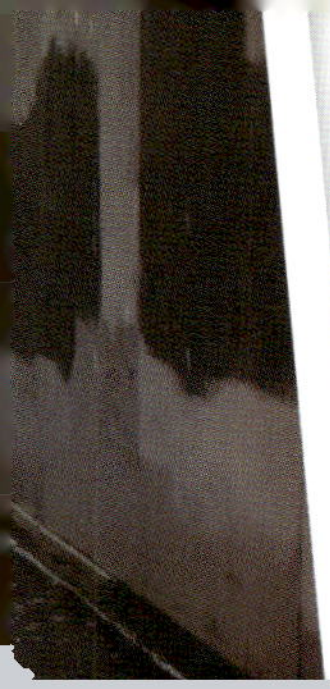

Spears!" –, mas lembrando isso agora, ser zoado por beijar uma das mulheres mais bonitas do mundo… como isso pode ser ruim mesmo?! As pessoas se divertiam implicando comigo, mas eu ficava pensando: "É, isso é o mais próximo que você vai chegar da Britney, cara!"

Tudo isso me deu mais determinação para seguir uma carreira na música. A implicância não era cruel, eu só achava que não tinha necessidade de ser daquele jeito, e um dia chegou a um ponto em que pensei: "Eu não ligo, isso é o que eu vou fazer e, se ninguém gostar, tudo bem." Se alguém não gosta de mim do jeito que eu sou, sou o tipo de pessoa que pensa: "Que pena!"

Na primeira
vez que me
apresentei
na frente de
uma plateia,
eu tinha
6 anos.

Quando chegou o festival do fim do semestre, peguei o microfone e comecei a cantar. E eu acho que as pessoas perceberam que a) eu de fato sabia cantar e b) eu realmente estava levando aquilo a sério.

Eu era bem ingênuo naquela idade e, aparentemente, era bonitinho também. Me inscrevi em várias competições e, quanto maior o palco, mais empolgado eu ficava. Por exemplo, sempre amei futebol, é uma das minhas paixões, e um dos meus sonhos quando criança era um dia me apresentar no estádio Old Trafford. Quando tinha 11 anos, me inscrevi na competição Jovem Talento do Ano, e a final era no estádio do Manchester United. Lembrando disso agora, fui bem corajoso na escolha da música, especialmente levando em consideração que eu ia cantar num estádio de futebol. Cantei a versão da Eva Cassidy de "Somewhere Over The Rainbow" e acabei ganhando o primeiro lugar da competição. Havia várias celebridades na plateia, e todos me aplaudiram de pé, o que me deixou superfeliz. Foi inacreditável. Além disso, pude ver o Man U jogar algumas vezes.

Sempre que participava de uma competição dessas, eu tentava colocar a minha pegada na música. Gosto de cantar de uma forma emotiva, então, por exemplo, posso escolher uma música de jazz e cantar como o Stevie Wonder. Adoro improvisar, e uma pessoa me disse uma vez que eu nunca canto a mesma música duas vezes. Uma vez cantei "Mack The Knife" no estilo do Ray Charles. Não é necessariamente a opção mais fácil e segura de cantar numa competição, mas é sempre divertido.

Algumas vezes eu sentia que estava vivendo duas infâncias distintas, e era uma situação muito estranha. No dia seguinte ao que beijei a Britney Spears e no dia seguinte à minha vitória em Old Trafford, eu estava de volta à escola em Gloucester. Como eu não falava muito sobre o fato de que eu cantava, tinha a

Lembrando isso agora, ser zoado por beijar uma das mulheres mais bonitas do mundo... como isso pode ser ruim mesmo?!

impressão de estar levando duas vidas diferentes.

Depois que meus pais se separaram, passei a morar com a minha mãe. Um dia, nós estávamos lendo a revista *Stage* e tinha um anúncio da Sylvia Young Theatre School, e nós ficamos rindo e brincando, dizendo: "Imagina como deve ser estudar lá! Aposto que é uma vida diferente!" Eu já tinha conseguido uma vaga numa escola chamada The Crypt, em Gloucester, uma escola para garotos muito rígida com foco em rugby, e pensava: "Nossa, quando todo mundo descobrir que eu canto vai ser ótimo!"

A Sylvia Young School oferecia bolsas de estudo, então pensei: "Por que não? Vamos tentar." Eu não estava particularmente empenhado em ir estudar lá, mas estava interessado

YK10

em ver como as pessoas da indústria musical eram. Para ser sincero, no começo eu não estava me importando muito se ia ser aceito. Acho que a Sylvia não vai gostar muito de saber que eu disse isso, mas é mais ou menos assim que me sentia. Eu tinha ouvido falar da Sylvia Young porque na época assisti a um documentário sobre a escola, e parecia muito boa – os alunos de lá eram muito bons –, mas vê-los cantar e dançar na televisão é uma coisa, estar de fato ao lado deles num teste é outra, completamente diferente. Eu tinha morado em Gloucester minha vida toda e estava acostumado a enfrentar pessoas em competições locais, mas não sabia qual era o padrão das pessoas no resto do mundo. Eu apenas esperava que fosse uma boa experiência e que eu conhecesse a Sylvia e talvez ela me desse algum conselho sobre como eu poderia melhorar.

Passei pela fase preliminar, cantei "Somewhere Over The Rainbow" no teste final, e fui embora para casa. Cerca de meia hora depois, eu estava na estação de metrô de Baker Street e meu celular tocou. Era a Sylvia me oferecendo uma bolsa de estudos.

Foi realmente um bom momento na minha vida e algo que sempre se destacará na minha trajetória. Eu pirei. Pulava feito um louco, e todo mundo na estação de Baker Street deve ter pensado: "O que foi que esse garoto tomou?!" Eu estava feliz em Gloucester e tinha uma vaga na The Crypt, mas não havia hipótese alguma de eu rejeitar aquela oportunidade. Sei que eu disse que no começo não estava empenhado em estudar lá e gostava mais de música pop do que de teatro musical, mas depois que visitei a escola e conheci a Sylvia – que é uma senhora incrível –, pude ver que seria maravilhoso. Então, quando ela me ligou e me ofereceu a vaga, fiquei realmente muito feliz.

A Sylvia é *bem* direta, isso é algo que admiro nela, e é por isso que a gente se dá bem. Durante o primeiro encontro, ela ficou parada e olhou ao redor da sala, examinando os rostos diante dela. Depois disse: "Dos que estão nesta sala, três de vocês vão chegar lá." Tinha uns sessenta alunos na sala em total silêncio. Então ela disse: "Eu sei quem são essas três pessoas, mas as coisas podem mudar se vocês tiverem um comporta-

Sempre tento colocar a minha pegada na música. Adoro improvisar.

mento ruim ou não se esforçarem. Se forem afoitos ou complacentes, não vão chegar lá. Essa mensagem é para as três pessoas que acho que vão chegar lá. Para os outros, minha mensagem é esta: estejam prontos para tomar o lugar deles." Nós todos ficamos tipo: "Que p… foi essa? Isso vai ser interessante!" Então, sem pressão!

Foi um lugar fascinante para estudar. Estive lá dos 11 aos 16 anos. Três dias por semana nós tínhamos ciências, matemática, inglês e toda a parte acadêmica; quinta e sexta, fazíamos aulas de teatro, de canto e de dança. Nos primeiros dois anos você tem que tentar de tudo. Tentei dança, mas logo me dei conta de que eu era horrível e, no final do segundo ano do ensino médio, fui encontrar com a Sylvia e lhe disse: "Não vou dançar hoje!"

Ela não se importou, porque sabia que eu provavelmente ia apenas ficar sentado no canto da sala sem fazer nada! Ela também apoiava bastante a minha paixão pelo pop, apesar de lá ser uma escola onde

quase todo mundo queria a mesma coisa: uma carreira em teatro musical. Para a minha sorte, a Sylvia não parecia ver problema nas minhas ambições pop!

Sylvia me apoiava do seu jeito. Ela me dava bronca quando eu fazia riffs e vocais improvisados e dizia: "Os alunos mais novos vão tentar copiar você. Não faça isso. Você é uma má influência, Nathan." Essa era uma das coisas que ela detestava: alunos de teatro musical cantando R&B. Desculpa, Sylvia!

Há uma agência de talentos ligada à escola que encontra trabalhos para os alunos enquanto eles estão matriculados lá, e uma das coisas realmente divertidas – ou melhor, lucrativas – era fazer dublagem. Você ficava lá sentado numa pequena cabine de gravação falando em inglês bem correto: "The cat sat on the mat..." Era bizarro, mas eles pagavam muito bem, então fiz todos os trabalhos que eles me deram. Pagavam extremamente bem, na verdade!

Eu também fui apresentado a vários diretores de gravadoras e pessoas da indústria da música. Foi uma boa introdução ao mercado, e tive várias oportunidades diferentes para ver como as pessoas eram. E, claro, eles também indicavam você para todos os tipos de testes. Para um teste específico – de uma nova *boy band* – a Sylvia mandou todos os meninos da minha idade, inclusive eu...

#itsaTWthing

JAY

Embora minha casa fosse repleta de música, tenho que admitir que por muito tempo nunca pensei em cantar numa banda. Nós morávamos numa dessas casas onde as crianças da rua vinham bater na porta a qualquer hora e dizer: "Posso entrar?" ou "Você não vai vir brincar?" E eu amava. Me lembro de passar mais tempo do lado de fora, no jardim, do que dentro de casa, apesar de também recordar que via muita televisão enquanto comia salgadinhos! *Power Rangers, Esquadrão Marte, Thunderbirds*, qualquer coisa com vilões para matar. Tenho um irmão mais velho (Luke), um irmão gêmeo (Tom), um irmão mais novo (Sean), além de uma irmã mais nova (Eleanor), portanto, somos uma família bem grande. Nasci bem no meio das férias, em 24 de julho de 1990.

Cresci na cidade de Newark, em Nottingham. Não me lembro do primeiro lugar em que moramos, mas, quando eu tinha 2 anos, nos mudamos para uma casa com um jardim enorme – era ótimo, considerando que meu pai era apenas um eletricista e minha mãe não trabalhava. Em um quarto dormíamos eu e meu irmão gêmeo, meu irmão mais novo e meu irmão mais velho. Minha irmã caçula dormia num berço no quarto dos meus pais. Ela era muito linda na época, realmente muito fofa. Meus avós moravam na mesma rua. Isso é ótimo, né?

Minha mãe era basicamente a chefe da família. Meu pai trabalhava muito e nos ligava nos fins de semana, mas nós o víamos pouco, porque viajava bastante. Raramente ele passava um fim de semana em casa, e nós o amávamos por isso, porque ele sempre voltava para casa com presentes, tipo um relógio de pulso pequeno com M&M's ou um boné, e nós enlouquecíamos. Minha mãe tinha que nos disciplinar e era muito severa.

Uma vez, quando eu era bem novo, numa festa lá em casa, comi muito doce e fiquei um pouco agitado, pensando que meus amigos me achavam o máximo. Ela me deu uma bronca daquelas na frente de todos eles, e eu fiquei pensando: "Ah, não, pelo amor de Deus!" Ela era aquele tipo de mãe que anda pela cidade arrastando os filhos atrás dela, dizendo: "Anda, vem aqui!" Na época, eu a considerava muito rígida, mas agora que estou mais velho, percebo que ela fez um ótimo trabalho com a gente, e ainda está fazendo.

Mamãe costumava raspar nossos cabelos na cozinha. Nós deixávamos o cabelo crescer por seis meses, e então, de repente, da noite para o dia, aquelas crianças de cabelos compridos apareciam na escola de cabeça raspada como um rebanho de ovelhas. Eu não me importava, embora a mamãe sempre deixasse uns pedaços grandes atrás da orelha, e nós tínhamos que pegar a tesoura e apará-los. Mas isso não acontecia com a minha irmã!

Eu e meu irmão gêmeo, Tom, éramos melhores amigos. Nós não somos idênticos, embora, às vezes, quando estávamos juntos, as pessoas tivessem dificuldade em nos distinguir. Naquela época, eu era alto, mas muito encorpado – bom, bem gordo, na verdade –, enquanto Tom era bem pequeno. Nas fotos antigas ele se parece com uma criança da Disney, a coisa mais fofa do mundo, e agora ele tem a aparência de um típico estudante. Eu era uma bola de suor que respirava com a boca aberta. Ele me chamava de Grande Jay, e ele era o Pequeno Tom; só assim as pessoas conseguiam saber quem era quem. Só de lembrar agora penso: "Meu Deus, eu era gordo!" Eu era uma criança gorda e nunca sequer tinha notado. Aquele monstro enorme e suado era eu?!

Eu e Tom ainda somos muito próximos. Estudamos juntos e éramos muito espalhafatosos e atrevidos, mas éramos crianças boas e nos esforçávamos. Naquela idade, nós dois adorávamos futebol. Na verdade, todos na minha família adoravam. Meu pai jogou futebol por muito tempo, mas seus joelhos começaram a dar problema, meu irmão mais velho era o capitão do time de futebol dele, e meu irmão gêmeo era um goleiro incrível; até minha irmã mais nova fazia parte de um time. No entanto, logo deixei de gostar de futebol, porque eu era muito ruim. Nessa idade você não sabe o quão bons os outros são, porque todos simplesmente correm atrás da bola. Eu era simplesmente... um lixo.

Surpreendentemente, minha mãe era uma ótima jogadora, e chegou a ser capitã do time local. Ela era um pouco moleque, falava alto, mas era muito legal. Embora eu não gostasse de futebol, adorava vê-la jogar. Uma vez, houve um torneio em algum lugar perto de um rio, e eu me lembro de passar dois dias pescando e assistindo à minha mãe jogar. Foram ótimas miniférias. Eu adorava

Meu interesse naquele momento era apenas dançar.

todas as mulheres que jogavam futebol com ela também – todas amigas da minha mãe. Era ótimo.

Nossa escola era a Holy Trinity Roman Catholic School, em Newark. Era uma escola religiosa de verdade! Havia até uma igreja no estacionamento. Tivemos que ser crismados e cortar o cabelo estilo pajem... terrível! Apesar disso, era uma boa escola. De todos os rapazes da minha família, fui o único que continuou religioso por um tempo. Continuei frequentando a igreja até uns 15 anos, mas acho que ia mais porque minha mãe gostava que eu fosse, então, fiz isso por ela. Porém, chega um momento em que seu coração já não está mais envolvido naquilo. Um dia parei de ir toda semana, depois passei a ir a cada duas semanas, depois faltava à segunda semana "sem querer querendo" e logo não fui mais.

Uma das minhas primeiras lembranças é de uma viagem para a Irlanda, para ver minha tia Josephine, quando eu tinha uns 6 anos. Pegamos a balsa e, naquela idade, eu não conseguia entender o que era aquele barco grande. Fiquei fascinado. Achava que estava num foguete ou algo do tipo, mas era apenas uma balsa! Minha tia fez um café da manhã gigantesco para a gente, e eu, que adoro comer, fiquei louco. Embora eu seja vegetariano agora, não era naquela época, então gostei muito das salsichas quadradas que ela nos deu. Fiquei completamente maravilhado. Fora as salsichas quadradas – que causaram um grande impacto –, ela também tinha um quadro de Jesus na parede, e os olhos dele te seguiam,

Profoto
Softbox 5'Octa

eles *realmente* se moviam. Eu e Tom subíamos as escadas rastejando para ver se os olhos iam nos seguir, era muito sinistro. Nós também íamos para o acampamento Butlins nas férias, o que era ótimo.

De volta à escola, entre eu e meu irmão, eu era o tímido. De modo geral, eu não era uma criança popular, mas também não era chato ou estranho, era apenas o meio-termo entre as duas coisas. Ninguém prestava atenção em mim, apesar de em casa eu ser um pouco mais agitado.

A escola primária era um ambiente confortável, mas eu tive um choque quando passei para o ensino fundamental. Levava uma hora e meia para chegar lá, e nós éramos os primeiros a serem apanhados pelo ônibus escolar e os últimos a serem deixados em casa. Tínhamos que acordar muito cedo, quando ainda estava escuro. Eu não podia acreditar, fiquei muito decepcionado.

Quando eu tinha 13 anos, minha mãe se machucou e não pôde jogar futebol por um tempo. Eu não sabia ainda do importante efeito que o afastamento dela teria na minha vida. Para se manter em forma, mesmo sendo magrela – tipo, muito magra! –, ela começou a fazer aulas de sapateado com as amigas. Ela costumava me levar junto em tudo que a família fazia, para ver se eu gostava de alguma coisa, mas eu era ruim em tudo. No entanto, uma noite fui com ela à aula de sapateado e pensei "Isso é muito legal", e perguntei se podia aprender também.

Eu não queria ir para uma aula com um monte de meninas, porque naquela época eu pensava: "Aarrgghh! Meninas!" Então, pedi para ter aulas particulares, mas ela disse: "De jeito nenhum. Seus irmãos não têm aulas particulares. Se você quiser aprender, pode ir para essa aula." E foi o que eu fiz: comecei a ir para a escola de dança Charlotte Hamilton toda quinta-feira. Havia apenas um outro garoto na minha turma, e de certa forma era muito esquisito, já que eu estava acostumado a morar numa casa cheia de rapazes correndo por todos os lados. Mas logo percebi que, por ser um dos poucos garotos, eu recebia muita atenção e, então pensei: "Posso me habituar a isso!"

A aula não tinha nada a ver com a escola, e até onde eu sabia, ninguém da minha escola fazia aula de dança na Charlotte Hamilton ou

Minha mãe começou a fazer aulas de sapateado e uma noite eu pensei "Isso é muito legal", e perguntei se podia aprender também.

sabia que eu fazia. Fiquei muito aliviado, já que não sabia como as pessoas reagiriam se descobrissem que eu fazia aulas de dança. Mas, quando cheguei lá, uma das primeiras pessoas que vi foi uma menina da minha escola; fiquei um pouco desnorteado.

Ainda assim, realmente gostei daquela noite. Claro que eu não sabia sapatear ainda – eu estava apenas tentando me manter na posição correta e escutar o que estava sendo dito –, mas a sensação foi diferente. No futebol, por exemplo, eu não era muito bom, mas também sabia que não ia melhorar. No sapateado, olhei para baixo e sabia o que devia estar fazendo, só não conseguia que meus pés me acompanhassem, mas sabia que podia ser bom. Rapidamente passei a amar aquilo, e me tornava cada vez melhor. As meninas vestiam *collants*, e eu aparecia de moletom, me achando o máximo. Eu me sentia muito bem.

Para ser sincero, naquela idade eu não ligava para música. Já tinha ido a alguns shows de música folk com meus pais; o primeiro disco que comprei foi do R. Kelly, e nós tínhamos um álbum do The Saw Doctors em fita cassete, que escutávamos a caminho da escola todo dia, chegando a decorar as músicas. Fora isso, eu nunca tinha pensado em tocar um instrumento. Eu não cantava, nem sabia se eu conseguia – meu interesse naquele momento era apenas dançar. Como a maioria das famílias, nós adorávamos cantar juntos dentro do carro ou no Natal ouvindo *Now That's What I Call Music!*, mas naquela idade você não relaciona isso com a ideia de que é bom cantor ou com a possibilidade de seguir uma carreira musical. Isso nem passava pela minha cabeça. As músicas que eu escutava eram as que meus pais escutavam, coisas como The Beautiful South. Minha mãe gostava de dançar northern soul, então tínhamos várias músicas aleatórias dessa época. Havia bastantes canções antigas pela casa. Lembro de assistir ao *Top of the Pops 2*, que exibe os programas da década de 1960, e achar que aquelas eram as músicas da atualidade. Por muito tempo, não

Procurei por "testes" no Google e encontrei dois. Um era para um circo, e o outro simplesmente dizia: "Procura-se: Vocalistas masculinos..."

gastei dinheiro com música. Fazíamos as tarefas de casa e ganhávamos dinheiro, que gastávamos com doces... por que alguém compraria um CD?

De volta às aulas de sapateado, estava realmente começando a levar aquilo a sério, e minha professora, Charlotte Hamilton, me apoiou bastante. Ela era muito legal, muito sarcástica e engraçada. Uma noite, ela disse para a minha mãe: "Jay é muito bom, tente matriculá-lo em outras aulas." Depois disso, comecei a praticar outras formas de dança, como balé, dança teatral, moderna, um monte de coisas para me deixar mais flexível e versátil. Eu gostava de todas as modalidades, mas sapateado era a minha favorita.

Na fila da cantina, meus pés estavam no chão, mas minha cabeça estava revisando os novos passos que tinha aprendido. Na semana seguinte, eu já sabia a coreografia. Meu cérebro normalmente assimilava muito rápido, e tudo de que precisava era que os meus pés acompanhassem. Dançar bem é uma mistura dos dois – você precisa fazer a coreografia com o seu corpo enquanto está aprendendo os passos. É tudo uma questão de reproduzir aqueles movimentos e reconhecer a sensação. Você não consegue ver o que está fazendo, até mesmo na frente de um espelho, então tem que sentir o que a dança é e depois fazer com que aquele sentimento aconteça.

Além das aulas de sapateado, eu lia muito. Eu gostei de todos os livros do Harry Potter e de outros romances de fantasia. Sempre li muito, mas acho que era mais uma coisa preguiçosa, porque você pode se deitar com um livro e ninguém vai dar uma bronca. Se você deita para assistir à televisão, eles falam logo "Jay, senta!", mas se você deita com um livro, tudo bem, porque é "educativo".

Inevitavelmente as crianças na escola descobriram que eu estava fazendo aulas de dança, e eu escutava apenas um comentário, de duas palavras: "Billy Elliot!" No entanto, isso não me incomodava, porque era uma zoada muito tranquila em comparação ao que poderia ter sido. Além disso, eu tinha visto o filme, então sabia que podia ter um final

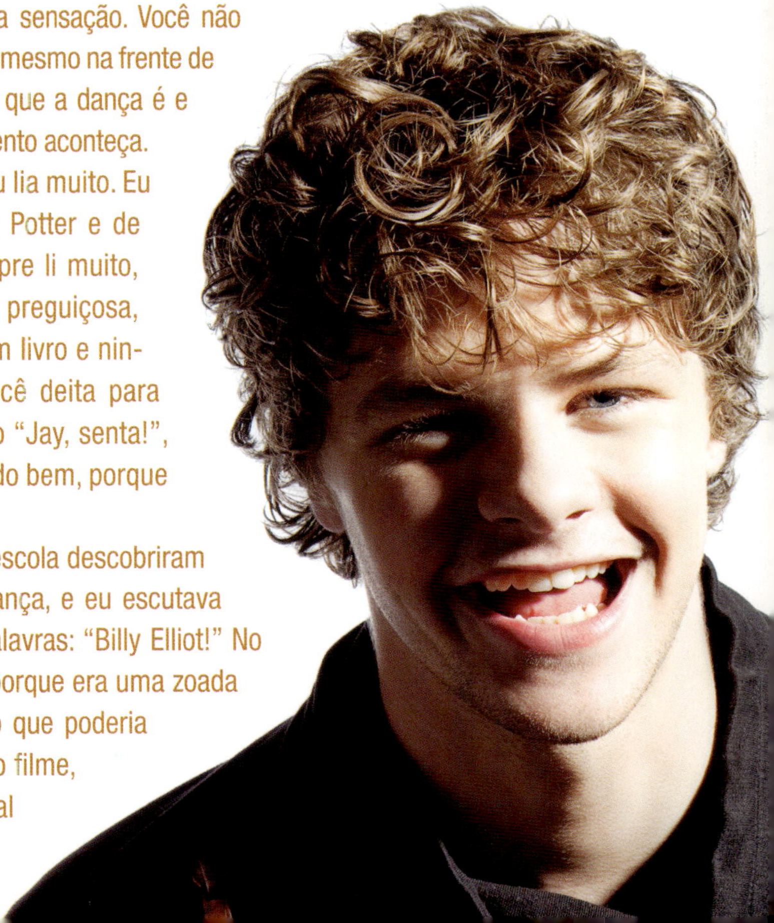

feliz! Enfim, estava orgulhoso do meu sapateado. Na escola, eles tinham um GCSE* de dança, mas não havia a menor hipótese de eu fazer aquilo. Eu me mantive fora dos holofotes e consegui escapar ileso. Meus amigos sabiam e achavam que não tinha problema, alguns deles até foram ver uma ou outra apresentação, mas, no geral, minha dança era algo à parte da escola.

Quando chegou a época de decidir o que eu faria quando terminasse a escola, não havia nada mais em que eu fosse realmente bom ou com que me importasse, então perguntei aos meus pais se poderia frequentar a faculdade de dança por três anos. Havia uma, não muito longe, chamada Midlands Academy of Dance and Drama, e minha mãe ficou realmente entusiasmada. Para me inscrever, fiz meu primeiro teste. Tive que fazer duas danças, cantar e depois atuar. Eu só tinha participado de peças na escola, portanto era um péssimo ator, mas não tive problemas para cantar – escolhi a música "A Little Less Conversation", do Elvis. Algumas partes do meu teste foram horríveis, mas no final fiz o meu sapateado e, como a coreografia estava gravada no meu cérebro – além de a diretora amar garotos que sapateiam –, fui aceito, graças a Deus.

No começo eu pagava mensalidade, mas minha mãe e meu pai se separaram e eles não tinham mais condições de arcar com aqueles gastos. Eu trabalhava de garçom para ajudar, mas mesmo assim ainda faltava muito. Já tinha uma dívida com eles de qualquer maneira, porque, surpreendentemente, eles hipotecaram a casa pela segunda vez para eu entrar na faculdade, o que era um peso enorme nas minhas costas. Por fim, acabei me apresentando diante de uma banca, e por sorte fui premiado com uma bolsa de 80%, então estava tudo resolvido, o que foi, obviamente, um grande alívio.

---

* General Certificate of Secondary Education – uma prova com diferentes disciplinas aplicada no final do ensino médio, similar ao ENEM. (*N. da T.*)

Tenho que admitir: no começo meu coração não estava comprometido com a academia de dança. No início, parecia trabalho, mas depois que me instalei e fiz meu círculo de amigos – os caras normais, não os atores! –, comecei a curtir mais. No segundo ano, fui morar com dois caras, Tray e Paul. Morávamos muito perto do centro da cidade, e isso foi ótimo para mim. Escutávamos muita música, e eu fui ao meu primeiro show de verdade, da banda Muse. Amei cada minuto da faculdade depois disso. Comecei a me envolver mais com música, tanto na faculdade, quando eu estava dançando, ou apenas escutando as bandas em casa, até que comecei a me pegar cantando mais e mais. Embora minha confiança em minha habilidade vocal fosse muito baixa no começo, comecei a gostar de cantar e, assim como meus primeiros passos na dança, pude ver que estava melhorando com o tempo.

No terceiro ano da faculdade, é permitido que você comece a procurar emprego, e tive a sorte de conseguir um papel na peça de mímica *Aladdin*, na cidade de Inverness. Era o meu primeiro Natal longe de casa e eu estava ganhando bastante dinheiro – era como férias com alguns amigos na Escócia –, e o espetáculo era muito divertido também. Quando voltei para casa, fizemos um Natal de mentira para comemorar. Comprei para meu irmão gêmeo um tênis, para meu irmão mais novo uma jaqueta do Celtic, para minha irmã caçula um iPod, para minha mãe um porta-retratos digital e ainda comprei um Wii para toda a família. Eu pensava: "Dinheiro traz felicidade SIM!" E, olha, em troca ganhei um cinto e um brinco... Fiquei um pouco chateado com isso.

Estava me sentindo realmente independente e achava que aquele era o começo da minha carreira como dançarino, mas as coisas não aconteceram exatamente assim. No fim de cada ano, a faculdade fazia uma apresentação de verão, e algumas poucas pessoas tinham a sorte de conseguir um agente. De fato, Tray, Paul e eu conseguimos um. A agência arrumou vários testes para mim, mas nenhum deles parecia envolver qualquer trabalho de dança. Às vezes, eu ia muito bem, até a fase final, e aí, olhava para o cara do meu lado e sabia que não ia conseguir o papel... porque ele tinha 28 anos, era sarado e experiente. Eu sabia que não estava pronto. Eu não tinha o visual certo: era alto, desengonçado, não era muito hip-hop e era meio *geek*.

Continuei tentando, mas era muito frustrante. Toda semana ia para alguns testes, pegava o trem para casa, apenas para descobrir alguns dias ou semanas depois que era mais um "não". Algumas pessoas fazem isso por anos antes de conseguir algo, mas depois de seis meses eu já estava me descabelando. Então, em vez de esperar que a agência marcasse mais um trabalho igual a tantos outros, procurei por "testes" no Google e encontrei dois que pareciam interessantes.

Um era para um circo, balançar pendurado em fios e tudo mais, enquanto o outro era um anúncio que dizia simplesmente: "Procura-se: Vocalistas masculinos..."

MAX

Eu amo fazer parte desta banda, é incrível. No entanto, você pode se surpreender ao saber que, quando criança, nunca pensei que fosse crescer e me tornar um cantor. Naquela época, minha vida girava em torno de futebol; eu era louco pelo esporte e todos os dias sonhava em ser um jogador profissional.

Minha história começa na Kildare Road, em Swinton, onde minha mãe e meu pai criaram a mim e ao meu irmão, Jack. Tenho uma família enorme. Minha mãe é uma de nove irmãos, e eles moram todos em Salford, tenho vários parentes lá! Eles estavam sempre por perto, meus primos mais velhos, tias e tios, e minha mãe e meu pai davam festas superlegais. Era ótimo.

Jack é mais velho do que eu, e nós dois aterrorizávamos a casa. Nós éramos – e ainda somos – melhores amigos. Sempre brigando e jogando futebol. Eu sempre levava uma bola comigo para todos os lugares aonde ia. Meu pai começou a me ensinar a jogar quando eu tinha apenas 3 anos. Naquela época, tudo que eu queria era ser jogador de futebol.

Meu pai é vendedor e também técnico de futebol para crianças carentes, e minha mãe é consultora hospitalar para médicos. Meus avós moravam na mesma rua que nós (ainda moramos muito perto

Durante a minha infância, sempre havia música tocando pela casa... eu adorava, mas música nunca foi minha ambição quando criança.

uns dos outros). Uma grande parte da minha criação está ligada aos meus avós; eles se mudaram de Essex quando nasci para ajudar meus pais, e eu passava todas as noites na casa deles. Foi lá que aprendi a jogar futebol, no campo ao lado da casa deles.

Quando eu tinha 7 anos, meus pais se separaram. Foi um pouco estranho depois disso: não dávamos mais muitas festas, e nossa casa ficou muito mais silenciosa. Meu pai se mudou para uma casa a menos de dois quilômetros de distância, então eu o via sempre. Passava noites alternadas com cada um deles – as segundas eram com meu pai, terças, com minha mãe etc. –, então, para ser justo com eles, a separação não me afetou muito. Houve um período inicial um pouco esquisito, mas logo passou. Foi uma época ruim para meus pais, mas Jack e eu nunca paramos de aprontar!

Quando eu tinha 13 anos, mamãe, Jack e eu nos mudamos para uma casa nova enorme… essa sim era uma casa para festas! Ficava isolada no meio de um grande gramado, e nós sempre dávamos festas loucas. A casa ficava tão cheia de gente que, às vezes, se você olhasse em volta, não reconhecia a maioria das pessoas que estava lá!

– Tudo bem, cara? Você se importa se a gente entrar e curtir a sua festa?

– Não, não mesmo, pode entrar!

Eu era um pouco capeta durante a escola primária. Nasci em 6 de setembro de 1988, o que significa que eu era um dos mais velhos da minha turma, e estudei na Broad Oak Primary School, em Manchester. Era um pouco levado e estava sempre atrás das meninas – o mesmo de agora, na verdade! –, jogando futebol e aprontando com meus amigos Kev e Paul. Nós três éramos muito unidos. Amei a escola primária, foi demais. Meu irmão também estudava lá e até hoje alguns dos meus amigos mais próximos são da Broad Oak. Às vezes eu queria poder voltar no tempo... era ótimo!

Meu professor, o Sr. Connelly, era incrível, mas não sei se ele se lembra de mim com tanto carinho. Eu gostava de fazer bagunça e achava que ser o menino travesso era mais divertido do que estudar matemática ou ciências. Nunca fui muito dedicado e era expulso de sala frequentemente. Eu tinha que sair e ficar parado perto do extintor de incêndio, olhando para a parede.

No entanto, eu tinha sorte, porque meus pais eram bem tranquilos. Não é que eles não se importassem – longe disso –, mas o que eles queriam mais do que tudo era que eu me tornasse um "bom rapaz", um cara legal. Acho que me tornar uma pessoa

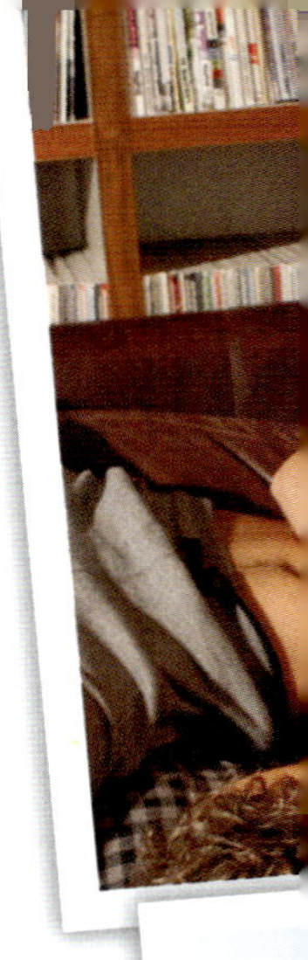

sensata era mais importante para eles do que as notas que eu tirava na escola. E com todo crédito a eles, acho que me tornei – eles parecem bastante felizes.

Como disse, minha vida girava em torno de futebol naquela época. Comecei a jogar no meu time local, Boothstown, quando tinha apenas 6 anos. Eu adorava jogar com meus amigos e todas as crianças que moravam por perto. Essa fase foi muito boa.

Eu me tornei muito bom no futebol também e, aos 9 anos, clubes profissionais me observavam. Eles mandavam olheiros para assistir aos jogos e me notaram quando eu ainda era muito novo. Meu primeiro teste foi para o Bolton Wanderers, e eles gostaram do que viram, então assinei com eles e joguei lá por alguns meses. Percebi imediatamente que eu não gostava daquilo, era tudo muito sério e eu era muito novo. Apenas gostava de jogar com meus amigos. Voltei a jogar futebol juvenil depois disso, mas os clubes continuaram a ir aos meus jogos e a me chamar para seletivas. Até que, com 14 anos, assinei com o Man City, o time para o qual eu torcia. Houve uma seletiva na Whalley Range High School. Tínhamos acabado de passar férias em Barcelona e lá vi umas chuteiras incríveis. Fui logo dizendo: "Pai, você tem que comprar essas chuteiras para mim!", mas ele disse: "Você não pode

YAYA
The WANTED

comprá-las, vai quebrar o tornozelo com elas, elas são apenas um pedaço de plástico!" Eu o atormentei tanto que ele, enfim, as comprou para mim.

Na seletiva para o Man City, usei minhas chuteiras novas, e depois de cinco minutos elas estavam me machucando muito. Continuei jogando, mas tive que parar, porque estavam me matando e eu tinha um pedaço de pele solta no meu pé. Menti e disse para meu pai que torci o tornozelo. Felizmente, o Man City me ofereceu um contrato de um ano ali mesmo, na lateral do campo, mas logo disseram: "Certo, vamos marcar com um fisioterapeuta para ver seu tornozelo torcido!"

Fazer parte do time deles ainda na escola era uma oportunidade fantástica para me estabelecer e, quem sabe, conseguir um contrato para jogar profissionalmente quando tivesse idade suficiente. Receber aquela proposta foi uma sensação incrível. Pela primeira vez pensei comigo mesmo: "Certo, sabe de uma coisa? Eu vou fazer isso, eu vou me esforçar de verdade." Até aquele momento, eu havia passado grande parte dos últimos oito anos jogando futebol na liga amadora. Tinha me divertido e ganhado vários troféus com meu time, Boothstown – nós éramos uma equipe de primeira –, mas estava na hora de realmente me esforçar.

No fim das contas, meu tempo no City não foi como eu esperava. Eles tinham equipamentos e alojamentos incríveis, claro, mas à medida que o tempo foi passando, fui gostando menos da atitude de alguns dos outros caras. Às vezes parecia que era tudo "eu, eu, eu", não parecia um jogo de equipe e isso não me agradava. Quando o Boothstown jogava, eu queria que o time inteiro ganhasse, não queria ganhar sozinho, enquanto no City parecia que éramos onze indivíduos. Até que um dia rompi meu tendão da coxa e, durante o afastamento de quatro meses por causa da lesão, pensei: "Sabe do que mais? Eu não gosto daqui..."

Eu não tinha perdido o interesse pelo futebol, então fui embora e joguei para o Blackburn Rovers por seis meses, onde tive uma ótima temporada. Durante esse período, o Boothstown me chamou de volta para mais um jogo. Entrei como substituto, quando estávamos ganhando de 3 a 2 e, depois de uns cinco minutos, me atraquei com o goleiro e acabei sendo expulso. Foi um momento chocante. Pior ainda, depois do tiro de meta, o outro time entrou

O que meus pais queriam mais do que tudo era que eu me tornasse um "bom rapaz".

na pequena área, empatou, e depois acabou ganhando o jogo nos pênaltis. O Boothstown nunca mais me chamou de volta!

Depois disso, joguei pelo England Independent School Boys, entrando em cinco ou seis jogos e marcando um gol na minha estreia. Participei de seletivas para o Manchester United e assinei com o Oldham FC, onde joguei por dois anos e curti cada minuto. O que eu não sabia na época era que meu tempo no futebol estava se esgotando.

Enquanto eu estava jogando futebol por todos esses times, minha escola – Bolton High School – não estava me apoiando tanto quanto eu gostaria. Acho que eles não gostavam que os alunos jogassem em times fora da escola. Eu tinha um professor de inglês brilhante, o Sr. Holland, mas fora isso eu não gostava muito da escola. Para ser sincero, eu era bem preguiçoso durante as aulas. Meu irmão, que estudava no mesmo lugar, era realmente aplicado, enquanto eu estava sempre atrás das garotas e fazendo bagunça.

De volta ao Oldham FC, as coisas estavam ficando sérias e eu vinha jogando muito bem, fazendo gols toda semana. Eu estava no meu auge naquele momento e realmente achava que ia me tornar um jogador de futebol profissional. Até que, num aquecimento antes de uma seletiva para a seleção inglesa, rompi o músculo flexor do quadril, o que é uma lesão muito grave. Não contei para ninguém, apenas sentei no banco e esperei ser chamado. Eles me chamaram e eu toquei na bola uma vez, acertando um voleio que voou para o canto superior do gol. Foi um dos melhores gols da minha vida, mas eu mal podia andar depois disso. Eu sabia que era uma lesão grave, mas o que eu não sabia era que minha carreira no futebol estava ameaçada.

Praticamente ninguém na minha família tem talento para música ou uma carreira musical. Um dos meus tios é cantor e canta no circuito de pubs e

boates, mas, fora ele, só eu. Ah, a minha avó sabe cantar também (na verdade, ela cantava nas boates em Londres). No entanto, durante a minha infância, sempre havia música tocando pela casa – principalmente Frank Sinatra e Dean Martin –, e minha avó sempre colocava jazz para tocar. Eu me lembro de escutar jazz na casa dela, enquanto estava na cama. Eu adorava, mas música nunca foi minha ambição quando criança.

Quando me machuquei, decidi fazer um teste para o *X Factor*. Meu irmão tinha tentado entrar no *Pop Idol*, mas se atrapalhou durante o teste e não passou para a próxima fase. Então, no ano seguinte, o *Pop Idol* se tornou *The X Factor*, e ouvi falar de alguns testes abertos para pessoas com mais de 16 anos – eu tinha 16 na época. Disse para meu pai que ia tentar, e ele disse: "Tudo bem, se você quer tentar, tente." Sempre ouvi música – o primeiro álbum que comprei foi o *Off The Wall*, do Michael Jackson, e meu primeiro show foi do Oasis –, mas não era algo que eu queria fazer para ganhar a vida. Só fui fazer o teste porque o Jack tinha ido! Meus pais sempre me apoiavam quando eu resolvia tentar alguma coisa, então quando o *X Factor* estava na cidade, meu pai me levou lá às seis e meia da manhã. Tinha uma fila de três quilômetros, e demorou oito horas para eu falar com um produtor. Cantei, e eles me passaram para a próxima etapa. Ótimo!

O único problema era que eu tinha minha prova de GCSE de história naquela tarde, então corri de volta para a escola, fiz a prova, depois corri de volta para o teste. Desta vez eu estava na frente dos juízes e recebi um "sim" do Louis, da Sharon e do Simon – o Simon

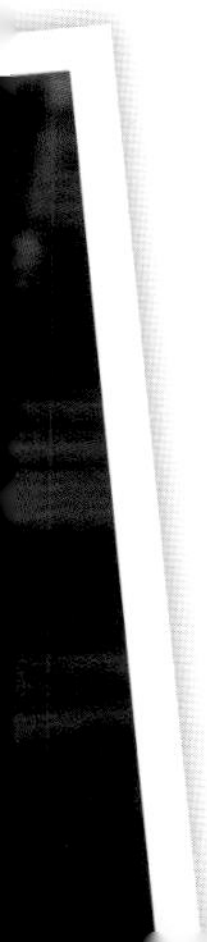

até me comparou a um jovem Robbie Williams –, e tudo isso passando na televisão, ainda por cima. Eu não podia acreditar. Eu nunca tinha cantado de verdade antes e, como disse, só fui por causa do Jack. Eu estava tão animado, sempre assistia ao programa na casa do meu pai, no sábado à noite, comendo um kebab.

Algumas semanas depois, começou o treinamento intensivo em Londres. Cheguei lá e comecei a conversar com um cara. Ele era gente fina, e decidimos tomar uma cerveja. Daí, uma virou algumas, e depois fomos para uma festa com umas garotas e acabamos ficando acordados até as sete da manhã. O problema era que eu tinha que ir para o teatro às 7h15 e não tinha dormido nada!

Quando apareci na frente dos juízes, eu tinha que cantar "Unchained Melody", mas praticamente nenhuma palavra saiu da minha boca. Foi horrível. Pior que isso, Shayne Ward cantou antes de mim, e ele foi incrível. Louis me mandou para casa. O engraçado é que nunca me senti mal com isso, porque eu nunca tinha esperado chegar a lugar nenhum – eu tinha me divertido bastante e agora tinha experimentado o gostinho de cantar e me apresentar.

Apesar da minha experiência no *X Factor*, minha realidade naquele momento ainda era o futebol. Embora eu tivesse me recuperado da lesão no quadril, perdi meu ritmo em campo e não conseguia competir como antes. Tudo se tornou muito mais difícil. O Oldham FC me liberou logo depois disso, e então fui chamado para jogar no Preston. Mas não era a mesma coisa. Estava começando a gostar de sair, e o lado social de ser um adolescente era muito mais atraente para mim do que aquela coisa de acordar cedo e ter que treinar quatro vezes por semana. Agora, o meu problema com futebol era que ele me impedia de ter uma vida social. Quando completei 16 anos, saía praticamente toda noite. Dávamos umas festas bem animadas na casa da minha mãe quando ela estava trabalhando fora – se ao menos ela tivesse estado lá! Nós todos nos divertíamos, e meus amigos me colocavam sobre os ombros deles no fim da noite, todo mundo gritava o meu nome e eu me sentia o "Poderoso Chefão". Isso foi provavelmente parte da minha derrocada!

Eu tinha me divertido bastante e agora tinha experimentado o gostinho de cantar e me apresentar.

TIHAD
IRWAYS
BARCLAYS

Não me entenda mal, eu não era um completo baderneiro. Adorava tomar chá na casa da minha avó e ainda vou lá, aparo a grama e varro as folhas secas para o meu avô – até hoje, se eu não fizer isso, ele me dá um safanão!

Eu me lembro de estar sentado na casa da minha mãe, numa tarde, esperando meu pai vir me pegar às seis para um treino. Tinha acabado de voltar da escola e pensei: "Não quero mais fazer isso." Liguei para o meu pai e disse: "Não quero mais fazer isso." Ele disse: "O que você quer dizer com isso?" E eu respondi: "Não quero mais jogar futebol." Foi difícil para todo mundo, especialmente para meu pai e meu avô, porque eles tinham me acompanhado para todos os lugares, pelo país todo e até mesmo pela Europa, então para eles a notícia foi um choque enorme. Evitei o meu pai por alguns meses e não o vi muito – não foi proposital, mas eu não conseguia encará-lo. Até hoje, pensar sobre isso é desconfortável, porque ele se empenhou muito em me ajudar a me tornar um jogador de futebol.

Minha família é incrível, e eu tenho muita sorte de ter tido o apoio deles em todas as decisões que tomei. Não me arrependo nem por um minuto de ter desistido do futebol. Na verdade, meu único arrependimento na vida é nunca ter conhecido duas pessoas muitos especiais na minha família: minha avó Mary e meu tio Dave. Vovó Mary era a mãe da minha mãe, que era a chefe da família e infelizmente morreu de câncer antes de eu nascer, e meu tio Dave era o irmão do meu pai, que morreu repentinamente de um ataque do coração quando tinha apenas 32 anos. Ele era o melhor amigo do meu pai.

Depois que parei de jogar futebol, comecei a estudar esportes na escola técnica, mas, na verdade, não fazia nada. Quase não ia para a aula e ficava atrás das garotas, de novo. Nessa mesma época, um dos

ETIHAD

meus amigos (Jonny Kerrigan, "O gigante gentil"), que tinha apenas 18 anos, morreu de câncer, o que me deixou muito mal. Havia muitas coisas acontecendo ao mesmo tempo, e o resultado foi que por algum tempo tive dificuldade em manter o foco e voltar para os trilhos. Eu simplesmente não conseguia me resolver.

Deve ter sido frustrante para minha mãe e meu pai verem aquilo, e eles ficaram preocupados com o que eu ia fazer com o meu futuro. Em certo momento, pensei em fazer algum estágio como aprendiz, mas eu realmente não sabia que rumo tomar. Só queria ser um garoto de 16 anos sem qualquer preocupação.

Comecei a fumar, a beber cerveja e ainda não tinha passado para a faculdade, então, depois de seis meses, fui expulso de casa. Eu tinha 17 anos e não tinha a menor ideia do que queria na vida.

Uma coisa que não saía da minha cabeça era o teste para o *X Factor*. Aquilo tinha causado um impacto enorme em mim, mais do que qualquer outra coisa naquela época. Com o futebol tendo sido deixado de lado, comecei a pensar em uma vida na música. Sempre gostei de swing, e nessa época comecei a me apresentar com um amigo, Cole Page, que era também um grande cantor de swing em Manchester. Também comecei a cantar sozinho em alguns lugares, mas ainda não sabia que direção seguir com relação à minha carreira. Então, abandonei a escola e em fevereiro recebi uma ligação de um empresário que tinha me visto no *X Factor*, perguntando se eu queria fazer um teste para um nova banda que ele estava formando. Fui até o teatro Sandler's Wells em Londres, e, depois de algumas semanas de avaliação, me ofereceram uma vaga na banda que se chamaria Avenue.

Eu me mudei para um belo apartamento em Londres com os outros caras da banda. Nós nos divertimos bastante e ensaiávamos constantemente. Então, como a maioria das pessoas sabe, fomos para o *X Factor* e chegamos até a final. Quando os jornais descobriram que já tínhamos um empresário, o Louis nos chamou para uma reunião e nos disse que estávamos desqualificados, porque isso era contra o regulamento do programa. Fiquei completamente destruído, triste, arrasado. Tivemos que aceitar sem resistência, o que foi difícil, mas, no fim das contas, a vida é assim, e não se pode reclamar. Quebramos as regras, então era justo.

Continuamos como Avenue por um tempo, mas alguns de nós já tinham notado que não ia dar certo. Foi quando recebi uma ligação de uma gravadora me chamando para ir a Londres conhecer uma equipe que estava formando uma nova *boy band*...

SIVA

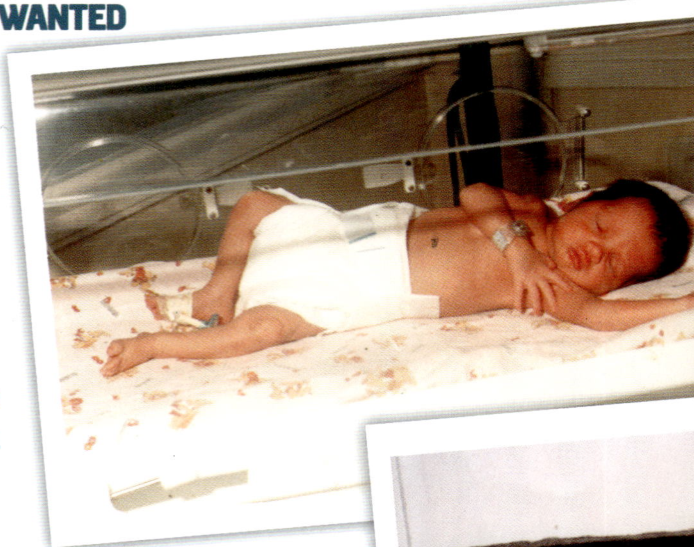

Acho que essa loucura toda começou quando meu pai e minha mãe incentivaram a minha irmã mais velha, Hazel, a cantar um pouco num caraoquê. Ela era realmente boa, e começou a participar de competições regionais. A comunidade local dava muito apoio, e ela continuou indo muito bem. Na verdade, o primeiro show da minha vida foi o da minha irmã! Até que um dia ela entrou para uma banda chamada Dove, que chegou à final do programa *Pop Stars: The Rivals*. Enquanto isso, minha outra irmã, Gayle, se tornou uma modelo bem conhecida na Irlanda, e meu irmão David entrou para uma *boy band* chamada Zoo, que teve algum sucesso e até saiu em turnê pela Irlanda e por partes do Reino Unido. Acho que música e entretenimento simplesmente correm nas veias da minha família.

Minha mãe ama cantar; ela não é cantora profissional, mas sempre adorou cantar músicas antigas de artistas como Dionne Warwick. Meu pai adorava ouvir música: Lionel Richie e todas as estrelas da Motown, Jackson 5 (o primeiro álbum que comprei foi deles), Michael Jackson, tudo dessa época. É daí que vem o meu amor por esse tipo de música incrível, porque meus pais, irmãs e irmãos escutavam constantemente. Fico muito feliz de ter ouvido todas essas músicas antigas, porque esses artistas eram incríveis. Eles simplesmente iam para o estúdio e cantavam, nada de auto-tune ou vários cortes, apenas cantavam tudo de uma vez. E eles se apresentavam muito, realmente admiro isso; eles eram artistas de palco em vez de artistas de estúdio, e trabalharam muito duro para se apresentar ao vivo. Isso causou um grande impacto em mim quando eu era mais jovem e é algo a que eu sempre aspirava.

Não era comum ver uma família asiática em Dublin quando eu era pequeno. Venho de uma família grande, com oito irmãos. Sou o mais novo, junto com

91 6 19

Eu passava os meus dias tocando e ouvindo música.

meu irmão gêmeo, Kumar. Atualmente, Dublin é uma cidade multicultural, mas naquela época não era. Como nós nos estabelecemos em Dublin é uma longa história. Meu avô era soldado na ex-colônia inglesa do Sri Lanka, onde conheceu e se casou com a minha avó, que era da Malásia. Meu pai nasceu enquanto eles estavam morando em Cingapura. Ele se tornou um marinheiro e viajou pelo mundo todo. Até que conheceu minha mãe em Londres, e foi aí que tudo começou. É uma história muito romântica, porque eles se encontraram seis vezes em seis meses – sempre por uma semana –, se apaixonaram e, no final desse período, ele a pediu em casamento.

Na época, minha mãe trabalhava em uma gráfica, mas, depois de sofrer um acidente no trabalho e ficar com um ferimento grave na mão, foi para Cingapura com meu pai, e eles se casaram num templo hindu. No entanto,

Eu estava sempre escrevendo, se não era música, era alguma letra, e se não era alguma letra, era no meu diário.

depois de alguns meses, ela não conseguia suportar o calor – ela é bem branca, tem cabelo ruivo e sardas –, e eles decidiram se mudar para Dublin para criar os filhos. Nasci no inverno, no dia 16 de novembro de 1988.

Meu pai faleceu quando eu tinha apenas 5 anos, então minha mãe criou todos nós sozinha, em nossa casa em Dublin. Foi muito difícil para ela, mas nossas experiências compartilhadas fizeram de nós uma família ainda mais unida e, com certeza, nos tornamos mais fortes por causa disso tudo. Sempre retorno à minha família, somos muito próximos.

Nós tínhamos a terceira maior casa da rua, com uma cozinha, uma sala de estar e uma segunda sala de estar. Mas com seis meninos e duas meninas na família, precisávamos de mais espaço! Minha mãe comprou três beliches para os meninos, um quarto para seis garotos – nós todos brigávamos, ríamos e contávamos histórias sobre garotas lá. Conforme fomos crescendo, não havia espaço suficiente para todos, então minha mãe construiu uma parede divisória na segunda sala de estar e colocou os dois mais velhos lá. Os quatro mais novos continuaram nos

beliches, mas ainda assim não tinha muito espaço! Todos eram felizes mesmo assim.

Meu ensino fundamental foi na St. Patricks, em Blanchardstown, onde cresci. Eu era um pouco atrevido quando era mais novo. Eu e meu irmão aprontávamos bastante juntos. Somos gêmeos idênticos, o que nos deu muitas chances de pregar peças. Embora fôssemos um pouco bagunceiros e fizéssemos muitas estripulias, éramos bons garotos no geral. Minha mãe dizia: “Vocês são bons meninos”, mas, às vezes, quando eu vinha da escola depois de ter tido algum problema, ela dizia: “Foi culpa sua!” Ha, ha! Mas, sério, uma das maiores lições que ela nos ensinou foi a frase que costumava dizer o tempo todo: “Você é responsável por si mesmo.”

A rua sem saída onde morávamos era ótima na maior parte do tempo. Mesmo sendo uma área não muito segura, era uma comunidade unida, e quando me lembro disso agora, não consigo pensar em nenhum outro lugar que fosse daquele jeito. Nossos amigos costumavam vir para a nossa casa a qualquer hora, às vezes às onze da noite, só para brincar. Porém, algumas pessoas nos causavam problemas. Por exemplo, no começo, minha mãe não tinha um carro. Imagine tomar conta de oito crianças sem ter seu próprio carro. Ela tinha que pegar o ônibus para ir fazer compras. Até hoje consigo me lembrar dela voltando para casa, andando com umas vinte sacolas de compras cortando as mãos. Vez ou outra, o entregador da loja dava uma carona,

mas quase sempre ela tinha que fazer a longa caminhada de volta. Um dia, minha mãe foi a uma vidente que lhe disse que meu pai queria que ela comprasse um carro para tornar sua vida mais fácil. E foi isso que ela fez. As coisas mudaram bastante depois disso, mas, depois de apenas um mês, ele foi roubado. Havia também problemas causados por pessoas que não gostavam da nossa família, que quebravam nossas janelas e coisas do tipo. Coisas assim faziam com que minha mãe quisesse se mudar dali. Ela trabalhava muito para tomar conta da gente e achava que haveria uma vida melhor para nós no interior, como muita gente pensa.

Fiz meu primeiro ano na Blanchardstown Secondary School, mas depois, nos mudamos para uma casa muito boa no campo. Apesar de termos tido alguns problemas na casa antiga, foi difícil mudar para longe, porque meus amigos estavam em Dublin, e tinha sido um lugar muito acolhedor na maior parte do tempo. Nossa nova escola era difícil em determinados momentos por alguns motivos. Primeiro, todo mundo sabia quem nós éramos, porque minhas irmãs eram famosas. Uma delas era uma estrela pop e a outra, modelo, então, logicamente, nós nos destacávamos. Éramos sempre "aquela família de Blanchardstown". Claro, nós nos orgulhávamos muito das nossas irmãs. A outra razão para as coisas serem difíceis não era tão boa. Lá estávamos, quatro crianças morenas, com sotaque de Dublin, chegando numa escola do interior – as únicas crianças morenas numa escola cheia de crianças brancas. Havia discriminação e, às vezes, era um pouco racista. Eu sofria bullying e tudo mais. No começo, você ouve os comentários e pensa "Não, ele não fez... ele realmente disse isso?" Alguns colegas conseguiam ser bem desagradáveis.

Não era apenas a nossa pele, éramos os novos garotos de fora da cidade. Em certos momentos, queríamos apenas ir para casa chorar e dizer que aquilo não era justo, mas minha mãe era ótima. Ela veio de uma família de 15 filhos e costumava apenas dizer: "Você é, como você sabe, de uma família bem grande, você tem muitas tias e tios espalhados por Dublin, eles estão em todos os lugares. Por que eles estão te xingando? Você pode até ser primo deles e eles nem sabem disso." Aquilo sempre nos animava. Depois ela dizia: "Eles estão sendo ignorantes, mantenham a cabeça erguida. Continuem fazendo o que vocês fazem."

Embora tenha havido alguns momentos difíceis no interior durante a minha adolescência, ainda adoro voltar lá para visitar. Minha mãe tem uma casa linda – que ela decorou muito bem – perto de uma floresta e de um lago. Foi uma mãe incrível, e quando me lembro disso agora e percebo como deve ter sido difícil para ela, não posso acreditar no trabalho e amor que ela dedicou a nós.

No início da minha adolescência, comecei realmente a me envolver com música. Meu irmão e eu fazíamos parte do coral da escola e cantávamos duas vezes por semana, com grandes apresentações durante a Páscoa, missas especiais, Natal e coisas do tipo. À medida que fomos ficando um pouco mais velhos, tínhamos que ajudar as crianças mais novas que estavam começando.

Quase imediatamente, descobri o violão também – ou melhor, o violão do meu irmão. Ele estava aprendendo a tocar e obviamente eu peguei emprestado dele algumas vezes e tentei tocar também. Aprendi a tocar alguns acordes e depois disso simplesmente não parei mais. Meu irmão ouvia uma gama musical enorme – The Eagles, U2, Take That –, comprava livros de música e aprendia os acordes; depois sentávamos e tocávamos um para o outro versões acústicas de todas as músicas de que gostávamos. Lembrando agora, comecei a cantar e a tocar violão assim que comecei a escutar música e, aos 16 anos, ganhei meu primeiro violão de presente de Natal. As três coisas aconteceram quase ao mesmo tempo.

Para mim, parecia natural tocar e escrever meu próprio material, em vez de apenas ouvir a música dos outros. Estava sempre escrevendo, se não era música, era alguma letra e, se não era alguma letra, era no meu diário. Mantive um diário detalhado por muitos e muitos anos – mas minha mãe não vai poder ler! Amo escrever, é algo que faço o tempo todo. Aprendi muito disso com minhas irmãs, que sempre estavam escrevendo, e com meu irmão, Daniel, que foi outra grande influência na minha escrita. Ele tem bacharelado em língua inglesa e é realmente muito bom com palavras e composições. Ele me passou a paixão por pensar sobre a minha escrita, por manter um diário e usar minhas palavras. Sempre que

tenho tempo, escrevo; às vezes só porque é divertido. Também amo ler. Quando era criança, lia coisas do universo *geek*, tipo ficção científica – qualquer coisa que tivesse a ver com *Star Wars* ou *Star Trek* e tudo mais. Recentemente tenho lido muitos livros sobre o funcionamento da mente, porque isso realmente me interessa.

Uma coisa muito boa de morar no campo é que parecia que a gente tinha mais tempo livre. Passava os meus dias tocando e ouvindo música. Eu rio agora quando penso em como costumávamos ouvir música nova. Hoje você tem o seu iPod ou algo do tipo, mas na época não era tão fácil. Mesmo quando meu pai era vivo, nunca tivemos um aparelho de som, então ele nos levava para visitar o amigo dele, que tinha um. Meu pai comprava um disco, ia até a casa do vizinho, sentava com ele e ouvia as músicas, depois voltava para a nossa casa. Eu era pequeno, com pernas curtas, e nós andávamos muitos quilômetros para, então, sentar por horas ouvindo música no aparelho de som do amigo dele!

Depois que meu irmão saiu da escola, continuei no coral, mas por volta dos 15 anos, comecei a trabalhar como modelo. Pode parecer um grande salto, mas você tem que lembrar que com a Gayle sendo tão famosa na indústria da moda irlandesa, isso era algo bem familiar para

Minha mãe ama cantar e meu pai amava ouvir música – é daí que vem o meu amor pela música.

mim. Na Irlanda você não é apenas um modelo, você é também um rosto conhecido. Ela me recomendou para um amigo e um agente e, daí em diante, comecei a ter trabalhos, assim como o meu irmão gêmeo, que também começou a trabalhar como modelo. Eu ainda estava na escola e minha carreira de modelo estava decolando, então era muito difícil conciliar os dois.

Curiosamente, nunca quis ser modelo. Morando na Irlanda, sabia que em algum momento eu provavelmente teria que ir para Londres, já que é lá que está a demanda para esse tipo de trabalho. Em pouco tempo, meu irmão e eu participamos de um casting em Londres para um anúncio de um produto para cabelos. Estar nessa cidade abriu nossos olhos, especialmente por sermos da zona rural da Irlanda, e ficamos muito animados.

Quando nos formamos, estávamos trabalhando muito como modelos, mas eu ainda amava tocar música. Na cerimônia de formatura, escrevi e cantei uma música chamada "When We Are Gone", da qual realmente me orgulho (adoraria lançá-la um dia). Ela foi muito bem-recebida, e as pessoas choraram e tudo.

Por volta da mesma época, começamos a ser chamados para atuar. Apareci em programas como *Rock Rivals e*

Uncle Max Plays Tennis, e o dinheiro era muito bom. Eu era o único adolescente que eu conhecia ganhando bastante dinheiro, e isso era ótimo. Gostava de atuar, mas não era algo pelo qual fosse apaixonado, então comecei a estudar biotecnologia, e fiz isso por um ano. Naquela época, tínhamos economizado bastante dinheiro, que usamos para nos mudar para Londres e dar uma chance para a carreira de modelo.

Logo depois de nos mudarmos, percebemos que ser modelo era um negócio com altos e baixos e muito difícil. Você precisa de sorte para conseguir trabalho e sempre tem várias pessoas competindo com você pelas oportunidades. Quando o trabalho de modelo era um pouco humilhante, tive sorte de poder utilizar as experiências dos meus irmãos e irmãs. Ainda era bem novo, mas já tinha visto muitos problemas e obstáculos de ambas as indústrias – da música e da moda –, então, eu já sabia mais ou menos o que esperar.

Apesar disso, estava começando a perceber que para realmente ter sucesso como modelo, precisava me dedicar mais do que estava disposto. Não me entendam mal, consegui alguns trabalhos, fui contratado pela agência Storm e trabalhei para a Armani, Gareth Pugh, G-Star e tudo mais, mas o trabalho era esporádico e não havia nenhuma estrutura. Gosto de ter um contracheque no fim da semana, mas como modelo isso não acontece, então, eu queria tentar algo diferente.

Enquanto isso, meu irmão, Trevor, realmente queria entrar no mundo da música. Ele encontrou um teste e falou para mim e para o Kumar a respeito. Nós já estávamos morando em Londres, então Trevor pegou um avião e se juntou a nós para o teste, que era para fazer parte de uma nova *boy band*...

TOM

Quando eu era criança, estava muito ocupado arrumando encrenca para pensar num futuro na música. Era tão capeta que chegava a ser ridículo! Eu quase enlouquecia a minha mãe às vezes. Pois é, eu era realmente inquieto. Muito hiperativo. Depois da escola, eu saía praticamente todo dia, nunca trazia gente para casa. Não é que eu não gostasse de ficar lá, apenas sou o tipo de pessoa que gosta de ficar ao ar livre, então, estava sempre fora, com os meus amigos. Estava sempre na minha bicicleta, caindo, colidindo com as janelas das varandas, fazendo coisas aleatórias! É por isso que tenho tantas cicatrizes no rosto, ferimentos de batalha!

Sou o mais velho da banda, nascido alguns meses antes do Max, em 4 de agosto de 1988. Tive a sorte de crescer num ambiente familiar muito estável. Meus pais não tinham muito dinheiro, mas sempre tentaram fazer com que eu e meu irmão tivéssemos o conforto necessário. Morávamos numa rua sem saída, não era a melhor vizinhança do mundo, mas certamente não era a pior.

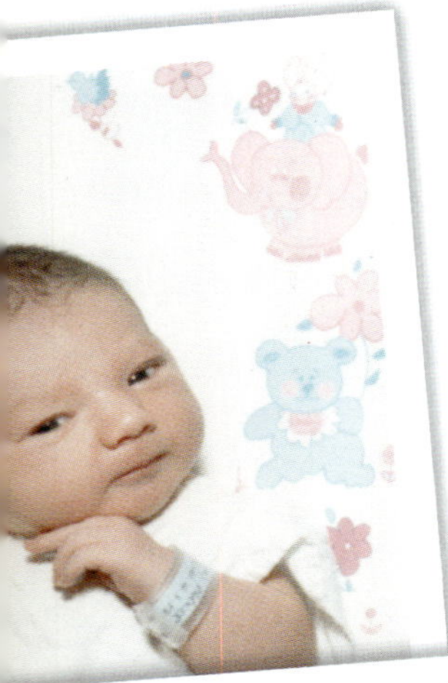

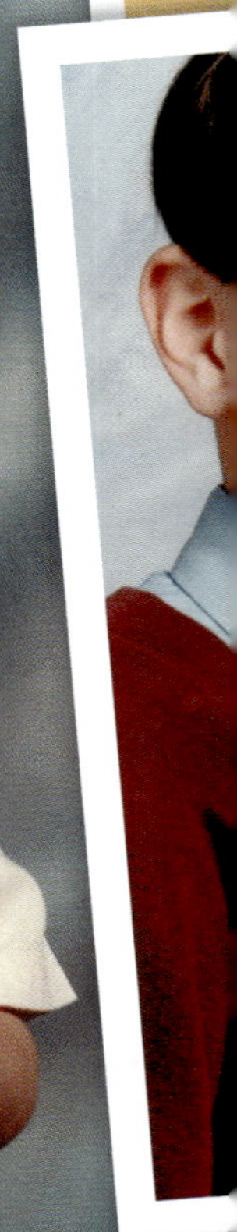

follow the local leader
Reebok

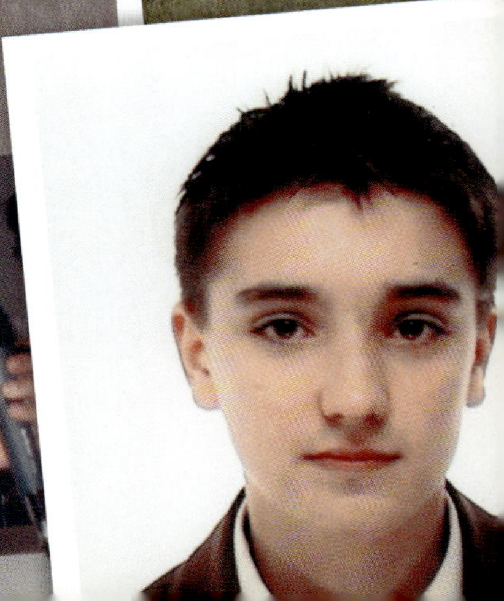

Tive uma infância tranquila, era realmente um lugar muito agradável para se crescer. Minha mãe e meu pai me deram tudo que eles tinham condições de pagar. Olhando para trás, lembro que se eu pedisse alguma coisa de Natal ou de aniversário, eles sempre tentavam me dar. Eles sempre nos davam as melhores coisas que podiam: bicicletas, PlayStations, essas coisas. Hoje eu sei que eles não tinham dinheiro para isso. Minha mãe trabalhava à noite como tecelã, e meu pai era cortador em uma fábrica. Era o que eles tinham que fazer para ganhar dinheiro. Eles tentavam comprar as coisas que a gente queria, e sou *muito* grato a eles por tudo.

Cresci numa família amorosa, e mesmo quando você é uma criança e às vezes pensa "não tenho isso" ou "não tenho aquilo", quando você fica mais velho percebe que as pequenas coisas contam mais do que as coisas materiais. Eles apenas queriam que eu tivesse a vida que nunca tiveram quando eram crianças.

Eu amava minha escola primária – St. Brendan's em Bolton – e tenho boas lembranças daquela época. Havia apenas 18 pessoas na nossa turma, então éramos um grupo bem unido. Os professores eram incríveis: a Sra. Thornton era nossa professora de turma e, apesar de muito rigorosa, era brilhante e incutia a disciplina na gente. Bom, ela tentava! Eu era uma criança muito levada. Era expulso todo dia na hora do lanche por jogar comida nos outros ou causar algum tipo de bagunça. Costumava entrar em brigas para ver quem era mais valentão da escola e esse tipo de coisa. Um professor tinha um jeito especial de nos punir – eu rio quando me lembro disso agora: eles tinham umas lixeiras redondas na sala de aula, e esse professor fazia com que você entrasse e ficasse de pé dentro da lixeira. "Thomas, entre na lixeira." Isso não é contra os direitos humanos?! É tão engraçado pensar nisso, mas eu não mudaria nada dessa época da minha vida.

A escola secundária foi um pouco diferente. Para ser sincero, eu ainda era bem levado durante o ensino médio. Ia para a aula – meu cartão de frequência era imbatível –, mas meu boletim escolar era cheio de "Thomas está distraindo os outros alunos na aula". Não conseguia ficar parado e não conseguia me concentrar em matérias que não me interessavam – de inglês e

matemática eu gostava, mas francês e espanhol? O quê?! Eu obviamente ia fazer bagunça e não faria nada além de irritar o professor.

Quando todos os meus amigos entraram na adolescência e cresceram, continuei bem baixo, era um dos menores da minha turma. Consequentemente, era bastante zoado. Algumas pessoas podem dizer que era bullying... não sei... não era tão ruim. Na verdade, eu costumava andar com o pessoal "popular", mas era o mais zoado entre eles. Eles me amarravam em lixeiras e coisas do tipo. Na maior parte do tempo eu não me importava, apesar de lembrar de um incidente que me levou às lágrimas – e eu não sou uma pessoa que chora facilmente, as coisas não me afetam a esse ponto.

Eu estava no penúltimo ano, e eles roubaram minha mochila com todas as minhas anotações para o GCSE e esconderam de mim. Fiquei procurando por uma semana e, quando finalmente encontrei, tinham jogado no campo de críquete. Cheguei a encontrá-las, mas todas as minhas anotações tinham ficado borradas por causa da chuva e eu não conseguia ler nem uma palavra. Fui para casa e chorei muito no colo da minha mãe. Depois disso, passei a andar com uma galera nova, alguns dos caras com quem eu tinha estudado na escola primária, e me distanciei do pessoal popular. Andei com esse grupo mais legal de caras pelo resto do ano e, sem sombra de dúvida, foi a melhor parte do ensino médio.

Quando eu era criança, estava muito ocupado arrumando encrenca para pensar num futuro na música.

Eu não cantava durante o ensino médio. Antes, sempre cantava na escola primária – no coral etc. – e o primeiro CD que eu comprei foi *2 become 1*, das Spice Girls. Quando entrei na adolescência isso deixou de ser legal. Eu gostava muito de futebol, era a minha maior paixão. Eu costumava jogar aos sábados e domingos – era o meu esporte favorito, embora gostasse de rúgbi também. Queria ser um jogador de futebol profissional, mas ninguém nunca me deu uma chance porque, por ser muito baixo, eu perdia a bola muito facilmente. Até jogava com o pessoal um ano mais novo do que eu, já que não conseguia competir com os caras maiores. Depois, aos 16 anos, comecei a fumar de vez em quando e meu preparo físico foi para o espaço, então parei de jogar futebol.

Apesar de não cantar naquela época – não em público –, eu me inscrevi na apresentação da cerimônia de final de ano, na frente da escola inteira. Até hoje eu não sei por que fiz aquilo. Naquela noite, estava completamente em pânico. Em seis anos, era a primeira vez que eu cantava em público, e eu estava ali, parado atrás do microfone, com meu coração querendo pular do meu peito. Eu só pensava: "Estou muito nervoso!" Mas cantei muito e as pessoas vieram falar comigo depois, dizendo que eu era realmente muito bom. Esse foi o momento em que tudo mudou – as pessoas da escola vindo falar comigo e me elogiando –, que me fez questionar se o estudo acadêmico era a coisa certa para mim. Apenas me lembro de ter pensado naquela noite: "O que eu gosto de fazer é cantar..."

Na época que entrei para a escola técnica, eu havia crescido bastante e tinha muito mais presença, mas ainda assim não me adaptei bem lá. Comecei estudando física e psicologia, além de literatura e língua inglesa. Mas então, depois de apenas seis semanas estudando física, tirei zero em uma prova que valia sessenta! Fiquei pensando que física não era para mim, definitivamente! Troquei para geografia, mas eles acabaram se cansando de mim e me expulsaram. Depois disso, fui para outra escola no fim da rua. Quando você ganha a reputação de ser encrenqueiro em uma escola, é difícil se livrar dela. Ela segue para a outra escola também, todos sabem quem você é e usam isso contra você. Nessa época, estava pensando se estudar era mesmo o que queria.

O que eu realmente queria fazer era tocar violão. A primeira vez que peguei num violão foi com 16 anos, antes da escola técnica. Comecei a escutar bandas como Oasis, Manics, Blur, Radiohead e coisas do tipo, mais porque era o que o meu irmão escutava. Ele foi minha grande influência musical. (O lado mais rock da música sempre foi meu favorito, e meu primeiro show foi o de uma banda de rock de Bolton, chamada Them Bones). Meu irmão costumava tocar essas músicas, e uma vez entrei no quarto dele quando ele não estava lá – ele me mataria se sou-

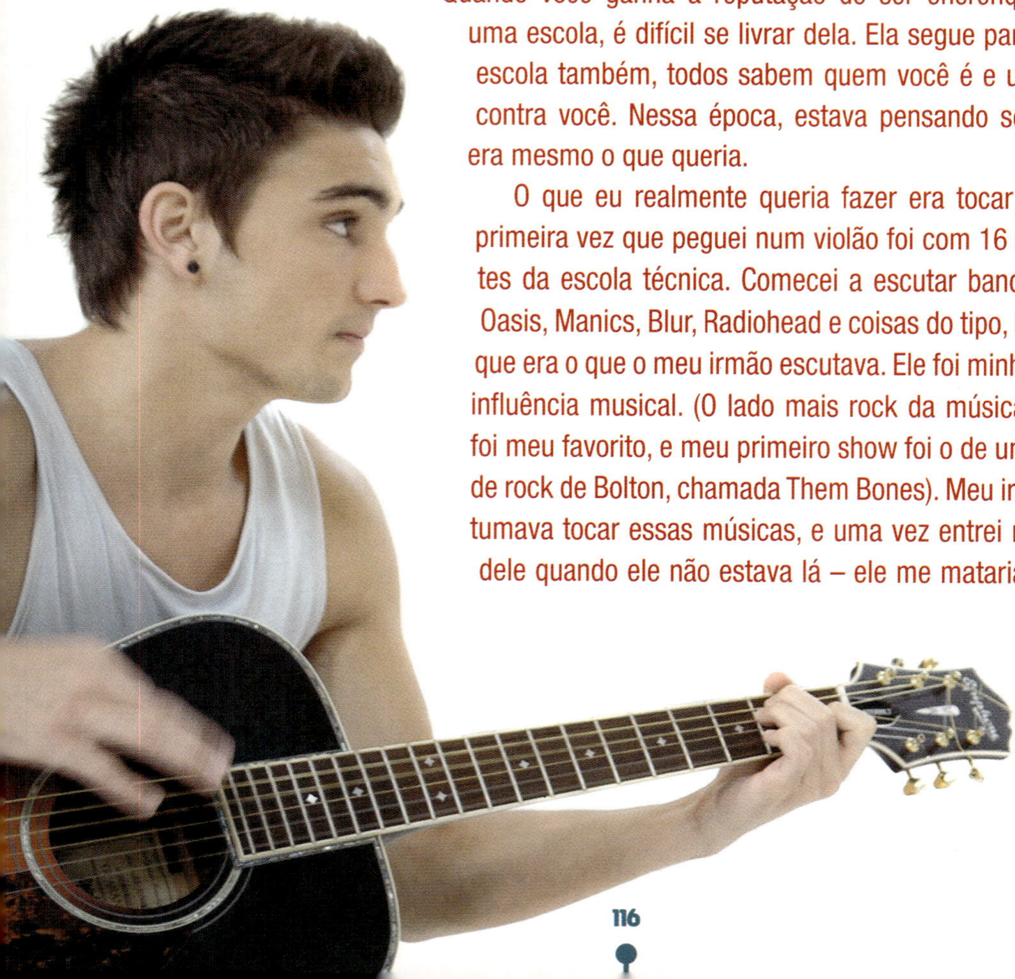

besse... e ele vai me matar agora! – e comecei a tocar o violão dele. Eu não sabia tocar, claro, mas realmente gostei daquilo, e pedi para a minha mãe me dar um violão. Meus pais gostavam muito de música. Meu pai se vê um pouco como cantor, e ele provavelmente podia ter sido um, mas naquela época não sabia como seguir uma carreira dessas. É um talento desperdiçado, realmente. Entendo bem as pessoas que vão para o *X Factor*, mesmo que eu não tenha certeza se é a melhor forma de seguir em termos de carreira, porque, assim como o meu pai, muitas pessoas não sabem que caminho seguir.

Finalmente ganhei um violão vagabundo e barato que custou 150 libras. Sou muito grato a minha mãe e meu pai por terem feito isso por mim. Podia ter sido uma daquelas coisas, 150 libras por algo que eu ia me cansar de usar em algumas semanas. A primeira música que aprendi a tocar no violão foi "Wonderwall" e até hoje é uma das minhas músicas favoritas. Entrar escondido no quarto do meu irmão e dedilhar no violão dele realmente acendeu em mim uma paixão por música e, no ano seguinte, eu toquei violão constantemente.

A partir do momento em que peguei no violão do meu irmão, isso era tudo o que eu queria fazer.

Em 2004, quando eu ainda tinha apenas 16 anos, fiz um teste para o *X Factor*. Não foi uma boa experiência! Você tem que passar por três rodadas antes de conhecer os juízes – Simon e os outros –, e tem várias rodadas preliminares antes disso. Cantei "Flying Without Wings", do Westlife, que foi provavelmente uma escolha ruim, porque é uma música muito famosa e que todo mundo sabe cantar. Apenas pensei: "Vou me dar uma chance." O *X Factor* era bem recente na época, e eu achava que não havia outras possibilidades. Queria me esforçar como cantor, mas não havia outras portas abertas para mim.

No final, não passei e nem cheguei a ser filmado. Eles disseram "não". Sou grato por não ter sido filmado, embora tenha ficado arrasado na época, porque rejeições como essa são difíceis de superar. Toda a experiência abalou muito a minha confiança e, depois disso, por uns seis meses, quase não cantei. Eu ficava pensando: "Se os produtores do *X Factor* não acham que sou bom o suficiente, então deve ter algo de errado."

Eu ainda não gostava de estudar, mas apesar de Bolton ser um lugar bem grande, não havia muitas oportunidades para seguir na carreira musical. Terminei meu segundo ano e, quando as provas chegaram, não passei em nenhuma delas. Bizarramente, no entanto, ainda assim entrei para a universidade. Recebi uma oferta incondicional da Manchester Met, o que queria dizer que haveria um lugar para mim, não importa o resultado que eu obtivesse. Isso significava que eu não tinha que me esforçar, então pensei "QUE INCRÍVEL!". Eu estava de férias na Bulgária com a minha ex-namorada quando os resultados chegaram e meu pai me ligou: "Thomas, você não passou!" Eu pensei: "Droga!" Mas por causa da oferta incondicional, a vaga ainda era minha.

Comecei a estudar geografia na Manchester Met Uni, mas continuei morando com meus pais, e não no campus, o que foi um erro, porque eu não tive toda aquela experiência da universidade. Ainda

Esse foi o momento em que tudo mudou, eu lembro de pensar naquela noite "o que eu gosto de fazer é cantar".

era amigo das mesmas pessoas, não fazia quase nada, e às vezes acordava e pensava: "Não quero ir para a aula, então vou ficar em casa ou vou sair e tomar uma cerveja com os meus amigos." Gastei todo o meu financiamento estudantil com nada em duas semanas. Em fevereiro, estava muito atrasado com o meu trabalho, então decidi adiar a universidade até setembro.

A razão de eu ter tido tanta dificuldade com o colégio e a universidade é porque não eram a minha paixão. A minha paixão era a música. A partir do momento em que peguei no violão do meu irmão, isso era tudo o que eu queria fazer. Além de aprender as músicas das grandes bandas, por algum tempo também escrevia minhas próprias canções. Inevitavelmente, comecei a me perguntar como seria tocar num show de verdade, e tive sorte, porque um amigo do meu pai conhecia as pessoas que gerenciavam o pub local, The VBQ, na Blackburn Road, em Bolton. Toda a minha família veio me ver e tive uma ótima recepção. Cantei "Numb", do Linkin Park e Jay-Z, "Wonderwall" e "Handbags and Gladrags". Foi a melhor sensação da minha vida, muita adrenalina. Mesmo agora, quando subo no palco, a sensação ainda é a mesma, ela realmente não vai embora.

De certa forma, eu estava superando a decepção do *X Factor*, mas com o tempo recuperei um pouco de autoestima e comecei a cantar regularmente em pubs e boates em Bolton. Comecei a me esforçar mais como cantor também, porque eu sabia que tinha que dar duro para

Mesmo agora, quando subo no palco, a sensação ainda é a mesma, ela realmente não vai embora.

melhorar. Fui morar em Sheffield com o meu amigo Ali por um ano e nós escrevemos juntos um pouco. Eu sabia que tinha talento para escrever também, além de cantar, e durante aqueles meses nos ajudamos a seguir em frente. O tempo todo eu estava me apresentando regularmente em boates e pubs na minha região, algumas vezes apenas cantando, outras vezes fazendo shows acústicos e ganhando muita experiência.

Até que um dia estava procurando na internet uns testes para fazer. Vi um site para a agência Jayne Collins Casting, então me inscrevi e fiz um teste para um grupo diferente. Acabou não dando certo, mas, de repente, recebi uma ligação me chamando para um teste para uma nova *boy band*... e eu pensei comigo mesmo: "Por que não? Vamos tentar."

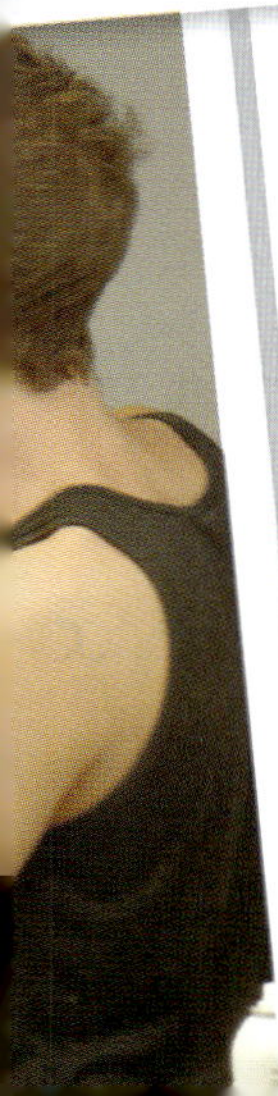

The WANTED

TESTES

Max: Então recebi essa ligação de Ashley sobre uma nova *boy band* e fui encontrar com as pessoas da indústria musical que estavam envolvidas no projeto. Eles eram todos profissionais conhecidos no mercado, incluindo Colin Barlow, da Geffen Records (o homem por trás do retorno do Take That). Quando cheguei lá, me explicaram tudo sobre a banda e com quem ela ia trabalhar. Estavam procurando por cinco personalidades fortes, e a diretora de elenco, Jayne Collins, que era um dos nomes de peso do mercado, seria a nossa empresária, o que descobrimos mais tarde. Quando vi a lista de nomes de compositores e produtores escalados para trabalhar com a banda, fiquei ainda mais animado. Eles me ofereceram uma vaga imediatamente e, para ser honesto, nem pensei duas vezes antes de dizer sim. No fundo, era difícil para mim, porque eu sabia que teria que deixar os caras da Avenue para trás, mas eu já estava naquele grupo há quase quatro anos. É claro que eu estava animado com a oferta, mas ainda queria participar dos testes: eu não queria ter entrado na banda de forma diferente da dos outros caras. Em abril de 2009, uma série de testes ia acontecer. Porém, estava me arriscando: eles podiam fazer as seleções e descobrir cinco caras perfeitos, melhores do que eu, e eles nunca garantiram minha vaga.

Nathan: Nessa época, éramos apenas eu, Max e Tom fazendo testes. O Jay e o Siva não apareceram até bem mais tarde. Como eu disse, a escola Sylvia Young mandou todos os meninos da minha idade para o teste, então tinha uma porção de garotos do teatro musical lá e, no começo, pensei: "Isso pode ser muito brega, será que é melhor eu não passar?" Mesmo assim, foi muito interessante – por exemplo, foi a primeira vez que cantei na frente de uma câmera. As pessoas responsáveis pelos

testes pareciam realmente interessadas em achar pessoas com atitude, não apenas meninos que sabiam cantar. Então, mais tarde, também fizemos algumas gravações, tipo pequenas entrevistas.

Tom: Na época que fiz o meu primeiro teste para a banda, estava recebendo auxílio-desemprego, tentando achar uma oportunidade. Até então, não sabia que o processo todo demoraria mais de nove meses. Claro que, na época, eu não sabia nada sobre a indústria musical, eu não sabia quem fazia parte dela ou qualquer outra coisa. Sabia apenas que tinha que participar de testes se eu quisesse chegar lá. Meu amigo Ali me levava para Londres e me buscava, de Sheffield, durante todo o período de testes, e meu pai sempre me dava algum dinheiro.

No primeiro teste, cantei uma das minhas próprias músicas: "Let It Go". Isso pode ter sido arriscado, mas você tem que entrar nesses lugares seguro de si. Compus a música quando tinha 16 anos, seis meses depois de ter começado a tocar violão. Eles parecem ter gostado, porque fui chamado de volta.

Já o segundo teste foi um desastre. Eu estava tocando violão e estava muito nervoso. Não me apresentei bem e achei que tinha me atrapalhado, especialmente quando vi no corredor as pessoas com quem eu estava competindo. Pensei: "Ele é melhor do que eu."

No meio do processo, eles nos disseram que teríamos um mês para aprender uma coreografia antes do próximo teste. Eles nos falaram sobre o Pineapple Studios, mas eu ainda estava morando em Bolton com a minha mãe, então minha prima Vicky, que é dançarina profissional, me deu aulas particulares de graça.

Max: Eu não sabia que eles queriam que as pessoas dançassem e eu nunca tinha dançado antes, jamais! Pensei: "Como assim?!" Tínhamos que fazer uma grande coreografia e eu simplesmente não conseguia. Levei uma bronca depois daquele teste, porque eu não sabia o que eu estava fazendo... Fiquei arrasado. Depois, falaram para mim no telefone: "Sua habilidade vocal é boa, mas você realmente precisa dançar melhor." Então, fui embora, e meu amigo Jonny – com quem eu cantava na Avenue e que é coreógrafo – me deu aulas todos os dias por um mês. Depois, quando voltei, tínhamos uma nova coreografia para fazer e fiz direito. Eu só não queria perder a oportunidade, por isso quando eles me disseram "você precisa dançar melhor", pensei: "Talvez eu não entre para a banda, eu realmente preciso ser mais humilde."

Tom: Sempre tive a intenção de estar na frente, simplesmente porque eu queria mostrar para todo mundo envolvido que eu estava me esforçando ao máximo. Quero aprender como posso melhorar e quero provar para as pessoas que tenho a capacidade de fazer isso.

Siva: Os três outros caras tinham feito vários testes antes do Jay e eu começarmos. Meu primeiro teste foi numa igreja perto de Tottenham Court Road. Estava extremamente nervoso, porque não cantava na frente de alguém fazia muito tempo, estava me concentrando na carreira de modelo. Deixei meu violão na Irlanda e não tocava fazia meses. Entrei e cantei "Home", a música do Michael Bublé, simplesmente porque eu estava com muitas saudades da minha família e dos meus amigos na Irlanda.

Andava tendo dúvidas sobre ser modelo há algum tempo e, quando os testes surgiram, estava esperando a resposta de uma faculdade a respeito de uma vaga – estava economizando o dinheiro que ganhava como modelo para poder pagar meus estudos. Queria fazer um curso de comunicação, porque adoro essa área. Então, quando fui para os testes do The Wanted, no fundo fiquei pensando: "Dê o melhor de si, mas, se você não passar, vá em frente e estude."

Jay: Vou ser honesto, em alguns testes fui muito mal e em outros fui tipo "É, eu fui bem, posso esquecer isso e parar de me preocupar agora!" Mais tarde, descobri que o Max, o Tom e o Nath já estavam fazendo testes por um tempão, mas eu e o Siva começamos mais ou menos ao mesmo tempo. Uma das primeiras audições foi cantar em frente a uma câmera numa igreja; havia muitas avaliações de canto e coisas do tipo, mas para ser honesto, eu já tinha participado de testes de dança que foram muito mais longos que aqueles.

Fiquei superfeliz quando eles disseram que no teste seguinte teríamos que dançar. Eu sabia, então, que não precisava ficar nervoso ou me sentir estranho, que eu podia ficar despreocupado por parecer um idiota enquanto estava cantando. Em vez disso, eu podia simplesmente dançar.

Siva: A parte mais difícil dos testes para mim foi o treinamento intensivo de quatro dias, no outono de 2009. Era como no *X Factor*, mas sem a choradeira! Nós fomos colocados em grupos diferentes para testar nosso entrosamento e ver como nos comportávamos. O pessoal responsável pelos testes era bem rigoroso.

Nathan: Cantei o melhor que pude e fui sendo chamado de volta, até que houve um teste com a Jayne Collins. Eu morria de medo da Jayne! Tinha participado de um teste na frente dela antes e sabia que ela era importante e muito respeitada no mercado. Estava apavorado quando entrei na sala, e ela estava lá. Fiquei pensando: "Ai, meu Deus!"

Naquela época eu já queria muito fazer parte da banda, eu realmente achava que era uma boa ideia. Cantei "Lately", do Stevie Wonder, mas achei que fui muito mal, foi horrível. Fiz muitas improvisações e achei que não tinha funcionado. Pelo menos pude terminar a música, alguns dos meus amigos apenas cantaram uma estrofe! Fui embora me sentindo muito decepcionado e, depois de duas horas no trem de volta para casa, estava convencido de que tinha ido muito mal – estava arrasado. Então, no dia seguinte, recebi uma ligação: "Nós queremos vê-lo de novo no teste final..." Eu não podia acreditar.

Para um dos testes finais nós tínhamos que escolher uma música. A minha foi "Red", do Daniel Merriweather. Entrei na sala, sentei no piano e cantei o melhor que pude. Depois, me disseram que foi nesse teste que me escolheram para fazer parte da banda. Alguém ainda me falou que a Jayne disse que foi um dos melhores testes que ela tinha visto na vida, o que me deixou superfeliz.

Tom: Por algum motivo – eu não lembro por quê –, eu estava andando pela floresta com os meus amigos e o telefone tocou: "Nós queremos que você venha para uma reunião amanhã na sede da gravadora." Comprei um bilhete comum do Megabus, já que eu não tinha dinheiro para comprar qualquer outro bilhete – o melhor meio de transporte no mundo! Peguei o Megabus no dia seguinte, fui até os escritórios da Geffen para a reunião e lá estávamos, nós cinco.

Nathan: Entrei na sala e dei de cara com Colin e Ashley, os mandachuvas do projeto. Os outros quatro já estavam lá, então tomamos um chá juntos e entramos. Estávamos tipo "então, sobre o que é essa reunião?!". Não tínhamos a menor ideia. Os outros tinham recebido a mesma ligação que eu, na qual não nos disseram nada, apenas que devíamos ir para Londres. Naquele momento, o cara da gravadora foi pegar uma bebida e o Tom veio para perto de mim e disse: "Você vai perguntar para ele ou eu devo perguntar?" Então, quando o homem da gravadora voltou, Tom foi logo dizendo: "É... esta é a banda ou não?" E ele disse: "Sim, vocês cinco. Esta é a banda!" Apenas cinco minutos tinham se passado, mas pareciam horas. Certo, agora nós podemos ficar animados!

Jay: Eu não esperava que a banda fosse o que é. Achava que íamos fazer turnês por boates e que seria uma sorte se ganhasse 300 dólares por semana, se chegasse a isso. Então, quando os testes começaram, pensei: "Bom, pelo menos vou ganhar algum dinheiro agora." Mas, à medida que o tempo foi passando, percebi que aquilo era real. Quando escutei falar das pessoas envolvidas, comecei a realmente querer aquilo. Pensei: "Eles estão tentando chegar ao topo das paradas aqui, não apenas fazer um pouco de dinheiro por uns anos. Isto é sério." Eu tinha começado bem relaxado, sabe? Pensando que, se eu não conseguisse entrar na banda, poderia fazer mais uns trinta testes naquele mês; mas no fim do processo de testes, eu estava desesperado para fazer parte da banda.

complete washing left for collection later.
This is a private arrangement between customers and staff, and management do not accept responsibility for any loss or damage to the said washing, except that they are accepted on the same conditions as if the washing was done by the customer personally.

Essas quatro pessoas sabem exatamente o que estou passando... nós somos "os cinco".

Tom: Foi muito legal para todos nós ouvir que tínhamos sido escolhidos para fazer parte da banda. Fomos para casa e começamos a pensar sobre o que ia acontecer em seguida. Porém – e este era um grande porém –, recebemos uma ligação dizendo que nós tínhamos que fazer um teste de novo, com outros sete caras! Eu só ficava pensando: “Não pode ser, há uma chance ainda que eu não vá fazer parte disso no fim das contas. O que está acontecendo?” Foi bem difícil.

Nathan: Nós todos recebemos aquela ligação e eu fiquei sem entender nada. Eu teria ficado arrasado se tivesse sido eliminado àquela altura.

Max: Fiquei: “O que está acontecendo aqui?” Pensei que nós fôssemos “os cinco”? Mas, aparentemente, não éramos, não ainda, então eu fiquei pensando comigo mesmo: “Faça a mesma coisa, Max, apenas se concentre e continue cantando.” Apesar de os outros quatro caras ainda serem estranhos para mim, tínhamos estado naquela reunião juntos, quando nos falaram que nós éramos “os cinco”, então na minha cabeça eu já os via como os meus companheiros de banda. De repente, pensar que isso podia mudar – que um de nós poderia sair –, era muito estranho.

Jay: Foi difícil ver os “novos” sete caras fazendo um novo teste para a banda da qual nós já achávamos que fazíamos parte. Eu os observava e pensava: “Ele é bom, ele dança bem, ele é bonito”, me questionando se seria escolhido no final.

Siva: Eles trouxeram de volta sete outros caras, incluindo os meus irmãos Trevor e Kumar, e ficaram alternando entre nós. Isso foi muito difícil, é claro, mas, como irmãos, nós apenas pensamos: “Se um de nós for escolhido... será incrível ter essa chance.” Nós todos sabíamos que tinha algo de especial nessa banda.

Tom: Eles ficavam alternando entre o Siva e o irmão gêmeo dele, e eu ficava pensando: “Isso é tão injusto!”

Siva: Aquele foi um dia muito longo e estressante. Finalmente, depois do que parecia ter sido uma eternidade, nossos nomes foram chamados e lá estávamos nós – os cinco originais –, parados olhando uns para os outros e pensando: “É isso... esta é a banda.”

Lá estávamos nós, pensando: "É isso... esta é a banda."

Jay: No começo fiquei me perguntando por que eles estavam testando de novo aqueles sete caras, mas o fato de eles terem descartado todas as outras combinações e mantido nós cinco foi muito legal. Mais tarde, disseram que sabiam quais eram os cinco que eles queriam, estavam apenas experimentando com os outros sete para ter certeza absoluta – só checando uma segunda vez, na verdade. "Poderia talvez ser melhor com esse outro cara?" E a resposta era sempre: "Não, os cinco originais fazem a melhor formação."

Eu só conhecia o Siva bem, porque nós fizemos parte do mesmo grupo de harmonia no processo de seleção – eu, ele e um outro cara. E antes eu tinha ajudado ele, o Kumar e o Trev com algumas coisas de dança. De certa forma, esse teste de última hora, quando nós todos pensamos que talvez não fôssemos os escolhidos, nos aproximou. Isso realmente nos fortaleceu como uma banda e nos tornamos leais uns aos outros imediatamente.

Nathan: Aquele teste final com os outros sete caras definitivamente nos solidificou como uma banda. Foi então que eu senti a primeira gota de entrosamento. Cantar com aquele grupo de caras parecia a coisa certa desde a primeira vez. Havia algumas vozes ótimas entre

os caras que eles trouxeram de volta no último minuto, mas a harmonia dos cinco originais simplesmente funcionava, e você podia ver que as pessoas responsáveis pelos testes sabiam que vocalmente nós já estávamos nos entrosando como uma banda. Não falei com todo mundo da banda durante todo o processo de seleção, porque havia muitas pessoas e acabávamos falando com um monde de gente, mas, estranhamente, apesar de nós não nos conhecermos, aquilo parecia apenas certo.

Jay: Há um grande elemento de sorte envolvido em tudo: se minha mãe não tivesse se machucado, talvez eu não tivesse ido para a aula de sapateado e eu ainda estaria sentado em casa comendo salgadinhos! No dia seguinte ao meu primeiro teste para o The Wanted, eu já estava ocupado de novo – tinha aquele teste do circo para ir.

Max: No mesmo dia, quando o pessoal da gravadora nos escolheu, eles sentaram conosco e disseram que definitivamente éramos "os cinco", e eu fiquei muito aliviado. Tinha recebido muito apoio da minha família desde que eu era criança e não queria decepcioná-los. Foi o fim de um longo período de testes e eu mal podia esperar para começar.

NO ESTÚDIO

Jay: No breve período após termos sido escolhidos para fazer parte da banda, fazíamos uma coisa ou outra por alguns dias, depois voltávamos para casa. Durante esse tempo, ficávamos mandando mensagens uns para os outros pelo Facebook dizendo: "O que a gente vai fazer na semana que vem?" Nós todos estávamos preparados para começar!

Nathan: Eu tinha planos de voltar para a escola técnica em Gloucester e fazer meu *A Levels*. Comecei meu primeiro ano na Ribston High School. Foi naquela época que descobri que estava na banda, mas foi muito difícil, porque eu não podia contar para ninguém.

Nós nos falávamos por Facebook e depois as meninas da escola ficavam: "Quem é esse na sua página do Facebook?" Eu tinha adicionado o Siva, e várias meninas ficavam perguntando quem ele era. Depois adicionei o Max e em dez minutos meu telefone tinha umas cinquenta mensagens de texto de meninas perguntando dele. Ninguém sabia da banda até então – quando fui para os testes, falava para as pessoas que estava doente. A coordenadora sabia, no entanto. Então sentei com ela e disse: "Preciso contar por que tenho faltado tantas aulas, só para que eu não seja expulso. Eu não contaria se não fosse por isso, porque ainda é segredo. Faço parte de uma *boy band* que assinou contrato com a Universal Records..." Depois disso, eles meio que se acostumaram com eu nunca estar na escola.

Tom: Depois que nós fomos escolhidos, houve uma pausa de duas semanas antes de tudo virar uma loucura! Enquanto estávamos fazendo os testes, planos e ideias já estavam sendo postos em ação, então foi uma loucura quase que imediatamente. Descobrimos em janeiro de 2010 que íamos voar para Copenhagen e gravar com o produtor e compositor Cutfather, depois nos disseram o nome de outros compositores com quem a gente ia trabalhar, como o Guy Chambers. Eu estava extasiado com a ideia de trabalhar com pessoas daquele calibre. Eu me lembro de pensar: "Esse é o cara que escreveu 'Angels' parado bem aqui na minha frente."

Max: O Guy sabe dar uma festa e tanto! Me disseram que, quando nós estávamos em Copenhagen, aquela tinha sido a primeira vez que funcionamos como uma "banda profissional", e sem dúvida isso é verdade. Nos divertimos muito lá, e foi muito engraçado também. Passamos a nos conhecer melhor e também gravamos algumas músicas ótimas, o que realmente ajudou. Nosso segundo single "Heart Vacancy" foi gravado lá e, quando terminamos, olhamos em volta, pensando: "Estamos fazendo algo muito especial aqui."

Foi o melhor momento da minha vida e tenho certeza que o resto da banda pensa o mesmo.

Nathan: Eu já tinha estado num estúdio várias vezes antes, quando estudava na Sylvia Young, então eu mais ou menos sabia o que estava acontecendo, mas tinha apenas 16 anos quando voamos para Copenhagen. Foi no estúdio que eu pensei no nome da banda. As pessoas acham que é por causa do anúncio para os testes, mas não, isso é coincidência. Tem uma faixa no álbum, chamada "Let's Get Ugly", baseada na música instrumental de Ennio Morricone para o clássico filme de faroeste *Três homens em conflito*. Estávamos usando um sample disso e ficávamos imaginando o pôster de "Procura-se" com a nossa foto – então foi isso. Foi no estúdio que começamos a compor e trabalhar juntos. Acho que foi aí que nos tornamos uma banda realmente profissional.

Siva: Eu já tinha estado num estúdio umas duas vezes quando morava na Irlanda, então estava um pouco familiarizado com o ambiente, mas isso tinha sido muitos anos antes. Agora, estávamos na mesma sala que o Guy Chambers e pessoas como Taio Cruz estavam fazendo músicas para nós, era um nível completamente diferente.

Guy Chambers nem chegou a nos "conhecer" de verdade. Apenas apertou nossas mãos e disse: "Ok, vão cantar." Ele queria nos ouvir antes de nos conhecer propriamente. Eu estava tremendo. Cantei, depois voltei para a sala e não conseguia nem olhar para ele. Estava muito envergonhado e preocupado com a minha voz. Ele foi realmente muito legal e disse: "Gosto do som da sua voz, nós podemos trabalhar com isso. Consigo ver muito potencial na sua voz, ela é bastante rouca. E é muito rica." Depois o Max foi cantar e ele tem um vozeirão, e eu pensei: "Ai, meu Deus!"

Gravamos algumas músicas em Londres e outras na Dinamarca. Depois, conhecemos o Steve Mac, que compôs para alguns dos maiores nomes da música. Ele é muito bom e tem um verdadeiro controle e conhecimento daquilo que faz.

Max: Foi um choque para todos nós entrar no estúdio e ter o Guy ali. Pensamos: "O que está acontecendo?" Eu o vi, apertei a mão dele e, depois, uma das primeiras coisas que ele disse foi: "Tenho uma música aqui que escrevi com o Taio Cruz..." Fiquei tipo "O quê?!" Eu só ficava pensando: "Nós não somos nada, nós somos apenas cinco caras que passaram pelos testes e só." Aquela foi a primeira música do Guy e do Taio que nós cantamos e se chamava "Made".

Tom: O processo de composição do álbum foi algo que nos envolveu bastante. Muitas pessoas nos julgam e acham que, por sermos classificados como *boy band*, não tocamos nossos próprios instrumentos. Mas todos nós tocamos. *Boy bands* não são mais tão genéricas, você não fica recebendo ordens e ouvindo como deve dançar e cantar. A gravadora nos deixou fazer o que queríamos e sermos quem somos e nós escrevemos 50% do nosso primeiro álbum. Acho que isso diz muita coisa.

NOSSA CASA

Max: Depois de algumas semanas hospedados em hotéis, nos mudamos para uma casa em Londres. Foi então que a banda realmente se aproximou, nos tornamos muito unidos.

Tom: Podia ter sido horrível, porque a gente podia não ter se dado bem. Temos personalidades muito distintas. Não me entenda mal, eu e o Max somos os baladeiros e nós dois somos assim desde os 14 anos! Sou uma pessoa realmente extrovertida, não gosto de ficar sentado em casa sozinho, enquanto o Siva e o Nath realmente curtem ficar sozinhos e podem ficar em casa sentados por horas. Eu simplesmente não sou assim, preciso sair, fazer coisas e me manter ativo. Nós não tentamos esconder isso e esperamos que as pessoas deem valor ao fato de sermos honestos e verdadeiros e não fingirmos sermos algo que não somos.

Temos uma mesa de totó, um alvo de dardos na porta, um freezer cheio de pizzas e uma geladeira cheia de cerveja – além de limonada para o Nathan! Ótimo! O que mais alguém pode querer? Por algum motivo, morar juntos simplesmente funciona, é uma loucura, há uma afinidade verdadeira. Morar na mesma casa nos ajuda muito, porque todos gostamos da companhia uns dos outros e do que trazemos individualmente para a banda.

Jay: Em hotéis é tudo muito divertido, mas quando você começa a morar numa casa com outras pessoas, é mais real. Isso nos fez mais fortes em vários sentidos. Temos várias piadas internas e passamos a nos conhecer muito bem, é muito intenso e realmente ótimo. Essas quatro pessoas sabem exatamente o que estou passando. Nós somos "os cinco".

Siva: Passamos a nos conhecer melhor rapidamente e descobrimos nossos pontos fortes e as nossas fraquezas. Foi muito legal nos tornarmos amigos dessa maneira. Também não era como se fôssemos estudantes, porque tínhamos um orçamento. Estávamos trabalhando no álbum e voltando para a casa à noite, nos esforçamos muito naquela época. Algumas noites, a cabeça caía no travesseiro depois de um longo dia de trabalho e, em seguida, no que pareciam poucos minutos depois, o despertador tocava para nos fazer levantar e sair de novo. Fomos postos na mesma casa para nos entrosarmos – fomos quase que forçados a nos dar bem devido às nossas circunstâncias, não tem outro jeito de ver isso –, e funcionou muito bem.

Nathan: Morar junto significa descobrir os maus hábitos das pessoas. Eu acordo bem cedo, mas demoro mais tempo para me arrumar, então sou sempre o último a ficar pronto. Acho que sou o mais organizado, e o Max é o mais bagunceiro! Tom cozinha e é quem faz mais barulho com os aparelhos de som dele. Siva é quem passa mais tempo no quarto e é o mais antissocial, mas ele também é o mais limpo, com suas velas e lençóis de seda. *The Office* normalmente está passando na TV ou talvez *The X Factor*, *Big Brother* ou *Britain's Got Talent*.

Max: Espera, quem disse que eu sou o mais bagunceiro? Não mesmo, eu diria que o Tom é, o quarto dele é um caos o tempo todo. Você tem que desgrudar as cuecas dele do chão antes que ele as vista. Duas faxineiras pediram demissão! Ele sempre deixa o leite do lado de fora da geladeira e não cozinha sempre, apesar do que os outros dizem.

Jay: O Max se acha o chef Ainsley Harriott, ele pega o azeite e coloca na comida lá do alto.

Tom: O banheiro do Jay normalmente está entupido, mas ele se recusa a desentupir. Ou talvez ele tenha tentado e não tenha conseguido. E o Siva realmente tem lençóis de seda e velas no quarto dele – ele não pode negar isso.

Siva: Ok, é verdade. Tenho lençóis de seda, confesso. E gosto de acender velas para relaxar. Gosto de trabalhar muito e depois relaxar totalmente.

Max: Eu sinto falta dos meus cachorros. Tenho dois. O maior é o Elvis, um Dogue de Bordeaux que, apesar de ter apenas dois anos, pesa quase setenta quilos. Ele é um bobão, tudo o que faz é babar muito e brincar. Não posso ficar com ele na nossa casa porque nós viajamos muito, então meus amigos e minha família estão tomando conta dele por enquanto. O outro, Pete, tem 17 anos e é meu melhor amigo. É um pequeno guerreiro e é muito importante para mim.

É claro que lemos os jornais e coisas do tipo. Às vezes lemos notícias sugerindo alguma ligação nossa com várias mulheres famosas. A imprensa ligou Leona Lewis e Rihanna a membros da banda, por exemplo. É estranho, porque eu apenas olho e penso "Ela deve estar arrasada porque falaram que ela está comigo!" ou "Caramba, ela baixou os padrões!" Sinto pena delas, não de mim.

Nathan: Nenhum de nós é normal, somos todos meio estranhos, um pouco malucos. É isso que nos mantém unidos. Somos todos bons amigos, o que nos ajuda a curtir esse momento.

NA ESTRADA

Tom: Ao mesmo tempo que a gente continuou a gravar faixas para o álbum e nos adaptamos à vida na casa, começamos a ensaiar muito para cair na estrada e fazer vários shows.

Siva: Estávamos loucos para trabalhar. Costumávamos ver outras bandas por aí em turnê e queríamos fazer o mesmo, mas cuidado com o que você deseja!

Max: Começamos nossa turnê por escolas no dia 30 de março de 2010, na Addington High School, em Croydon. Eu estava muito gripado, mas mesmo assim foi incrível. Estávamos todos nervosos, mas, assim que começamos a cantar, os alunos enlouqueceram, apesar de não saberem direito quem éramos. Simplesmente amamos aquilo. Estávamos trabalhando juntos, nos divertindo muito, andando e dançando no meio deles, cumprimentando-os, e eles estavam dançando e cantando também. Foi ótimo. Teve bastante palhaçada também, na sala do diretor e no ônibus da turnê.

Morar juntos simplesmente funciona, é uma loucura, há uma afinidade verdadeira.

Tom: Foi uma época muito cansativa. Acordávamos às cinco, íamos para um show em alguma escola, voltávamos para o ônibus, íamos para outra escola, ou, às vezes, para uma boate para menores de 18 anos e talvez uma outra boate na mesma noite. Nós normalmente fazíamos três shows por dia, era exaustivo.

Siva: Como o Tom disse, nos apertávamos na parte de trás das vans, às cinco, seis da manhã, íamos para as escolas e depois para as boates à noite, depois, na manhã seguinte, acordávamos às seis de novo para um novo show em uma nova escola. Era bem difícil, mas realmente funcionou. Os shows nas boates basicamente pagavam pelos shows nas escolas, mas esse não era o objetivo. Não ganhamos dinheiro algum, nós conquistamos fãs.

Jay: Foi naquela turnê pelas escolas que notei pela primeira vez como as pessoas estavam animadas conosco. O lance é que, com jovens dessa idade, a reação é honesta. Se eles gostam de você, eles gritam bem alto. Mas se eles não gostam de você, também vão fazer com que você saiba disso. Às vezes, ficam parados, superentediados e, outras vezes, te vaiam até sair do palco. Felizmente, a maioria berrava até não poder mais.

Max: Você pode achar meio estranho se apresentar para trezentas crianças no meio

da manhã ou do dia com as luzes acesas, mas nós não pensávamos assim. Ainda não tínhamos feito nada como uma banda, então não sabíamos que era para ser diferente, e adorávamos isso. Honestamente, era ótimo. Aqueles shows fortaleceram a afinidade que a gente iniciou em Copenhagen. Estávamos muito nervosos no começo, mas, uma vez no palco, trabalhávamos juntos. Nos divertimos muito e conhecemos jovens adoráveis – que são nossos fãs agora. Sem eles não seríamos nada.

Jay: Nós fomos para tantos lugares… Eu estava acostumado com o meu pai trabalhando por todo o país, mas agora ligávamos para casa de lugares bem distantes. Isso também proporcionou assuntos para eu e meu pai conversarmos. Ele dizia coisas tipo "Blackburn hoje à noite, hein? Eu que instalei as luzes na cooperativa de lá!"

Nathan: Era estranho fazer a turnê nas escolas, porque em alguns lugares você chegava e a reação era como se fôssemos os Beatles ou algo do tipo, mas, aí, na próxima, você era tratado como algo que foi pisado na rua. Foi uma questão de tentativa e erro, durantre muito tempo. Em algumas escolas, as meninas deitavam na frente da van e se recusavam a sair, porque não queriam que fôssemos embora. Depois, na escola seguinte, elas ficavam: "Por favor, vai embora. Nós te ajudamos se você quiser. Aqui estão as suas coisas, saiam."

As meninas jogam coisas no palco. Normalmente sutiãs, calcinhas e bijuteria. Uma vez, alguém jogou um colar enorme em mim e bateu bem na minha perna. Eu estava cantando e pensando: "Ai, isso dói!"

Quando voltei para a minha antiga escola, foi muito esquisito! A última apresentação que eu tinha feito lá tinha sido sentado num piano, então voltei e levei os meninos do The Wanted. O falatório sobre a gente na internet já tinha começado nessa época, e os shows estavam cada vez mais loucos. As meninas simplesmente ficavam malucas. Era bem estranho ver algumas das amigas da minha irmã completamente enlouquecidas. Uma delas tinha até escrito "Jay" na testa.

Jay: Quando a gente tocava nas boates para pessoas mais velhas eu ficava bem apreensivo, para ser honesto. Eu já tinha ido a lugares desse tipo e, se uma *boy band* subisse no palco, as pessoas iam rir dos caras até que eles fossem embora, mas nós tentávamos curtir a situação, não importava o que acontecesse. Mesmo que fossem shows ruins, ainda assim tentávamos nos divertir. Você tem que rir ou acaba chorando! Em algumas boates eu ficava morrendo de medo, mas Nathan nunca parecia se importar, ele ia lá, era vaiado e continuava sorrindo e dando o melhor de si.

Max: Nós fizemos um show numa boate particularmente difícil. Os caras estavam todos parados olhando para nós e nos zoando bastante. A plateia simplesmente não gostava da gente! Eles jogaram algumas garrafas na gente e tudo mais, mas eu apenas pensei que era engraçado, era como estar de volta a Manchester numa sexta-feira à noite. As pessoas sempre nos perguntam se nos sentimos intimidados em shows como esse e, para ser sincero, a resposta é: absolutamente não, isso é o que nós fazemos e nós amamos cada minuto – até os shows ruins.

Tom: Então – surpreendentemente –, em junho, fomos chamados para nos apresentar no Capital Summertime Ball no estádio de Wembley! Foi surreal. Nós aparecemos por um alçapão e nos apresentamos para 70 mil pessoas. Foi sim-

plesmente “Uau!”. Quando eu estava no palco, tive um *flashback* de mim sozinho, sentado no pub VQB, na Blackburn Road, tocando no meu primeiro show. Daquilo para isto!

Nathan: Na noite anterior, estávamos em Brighton, cantando para setenta crianças. No dia seguinte, cantamos no Wembley para 70 mil pessoas. Tem um vídeo no YouTube desse dia, e basicamente todos nós ficamos repetindo: “Não merecemos isso!” Foi incrível.

Max: Nas semanas que antecederam o show de Wembley, eu estava numa boa. Não estava nada nervoso. Fizemos a passagem de som no dia anterior e eu ainda estava apenas animado. Eu ficava pensando: “Vai ser incrível” Eu mal podia esperar. Mas aí acordei naquela manhã em pânico! Não conseguia comer, não acreditava no que estava prestes a acontecer. Isso continuou até literalmente o segundo antes de a gente subir no palco e, assim que eu cheguei lá, pensei: “Isso é a melhor coisa do mundo!” Foi um dos melhores dias da minha vida! Sei que os outros caras sentiram a mesma coisa... mas não havia tempo para descansar.

Tom: Quando chegou o fim de junho, estávamos fisicamente exaustos. Dormíamos quando dava, apenas duas ou três horas por noite, o que não era bom. Mas era possível ver o que estava acontecendo, a reputação crescendo, e a quantidade de fãs aumentando o tempo todo. O burburinho nos dizia que podíamos ser algo muito grande.

Max: Depois que trabalhamos três meses seguidos, sem nem um dia de folga, finalmente tivemos três dias de descanso. Mas, em vez de ficar em casa, fomos para Benidorm! Não tenho certeza se a gravadora ficou muito feliz com isso, mas tínhamos que ir. Foi um fim de semana típico de garotos. Ótimo! Bebida, sol e mulheres. O final de semana perfeito.

Jay: Em casa, depois de Benidorm, voltamos imediatamente ao trabalho árduo, acordando às quatro da manhã para participar de um programa do canal, o GMTV. Era estranho, porque estávamos trabalhando muito, mas ainda não conseguíamos ver o resultado. Começávamos a receber comentários, mas se me perguntassem o que eu estava fazendo, não havia nada de concreto para mostrar. As pessoas não faziam a menor ideia do que estava acontecendo. Por um tempo, nem contei direito para a minha família o que eu estava fazendo, porque tinha me decepcionado muito em outros testes e trabalhos. Pensei: "Não vou deixar todo mundo animado e depois desapontá-los de novo."

Max: O que a gente sabia de verdade era que tínhamos um ótimo single de estreia, "All Time Low". Que música!

O CAMINHO PARA O TOPO DAS PARADAS

Siva: Quando ouvimos os primeiros acordes de "All Time Low" no escritório da gravadora, todos apoiamos a cabeça na mesa e fechamos os olhos – sabíamos que aquela era a nossa música. Fiquei arrepiado.

Nathan: Quando a faixa foi lançada no YouTube, muitas pessoas já conheciam. Isso porque nossos fãs se comunicam bastante e houve um verdadeiro boca a boca a respeito.

Max: Nossos fãs têm sido incríveis, eles não podiam nos apoiar mais! Começamos a fazer umas pequenas entrevistas chamadas "Wanted Wednesday", e a Jayne nos filmava em todos os lugares. Os fãs mandavam perguntas ótimas e também postávamos vários outros vídeos. Era muito divertido e parecia que estávamos falando diretamente com os fãs o tempo todo.

Nathan: Fui o único que disse que chegaríamos ao primeiro lugar das paradas. Sou uma pessoa muito otimista e disse isso no carro no caminho de volta de um show que fizemos numa escola. "Vou dizer algo agora e vocês não vão gostar... Acho que a gente vai chegar ao número 1!" Fui massacrado pelo resto da banda. Eles não podiam acreditar que eu tinha dito aquilo...

Jay: Eu nunca tinha considerado que alguém no Reino Unido sabia qualquer coisa sobre nós. Conversávamos com várias pessoas no Twitter e no Facebook e recebíamos comentários superlegais nos shows e

nas escolas, mas havia também algumas pessoas que nos criticavam. Não tínhamos a menor ideia do patamar em que estávamos. Então, com a data do lançamento do single se aproximando, as pessoas começaram a falar de Top 50, depois de Top 20, depois talvez até de Top 10.

Max: Na semana de lançamento do single, nós demos autógrafos e nos apresentamos em várias lojas de música e em shoppings. Os lugares ficaram lotados. Demos várias entrevistas para rádios também, e do lado de fora milhares de fãs queriam nos cumprimentar. Nos perguntamos o quão bem o single venderia quando vimos todos aqueles fãs enlouquecidos, mas nunca se sabe. Quando fomos para o Westfield, um shopping center em Londres, esperávamos talvez umas duas centenas de fãs, no máximo, mas havia algo em torno de 5 mil meninas esperando para nos ver. Nós chegamos às 16h, nos apresentamos num palco e demos autógrafos até as 23h! Foi um dia fantástico!

Nathan: Westfield! O que eu posso dizer? Uau! Ficamos sentados por quase seis horas dando autógrafos. Todo mundo que estava lá queria nos ver. Algumas bandas não tiram fotos, porque demora muito, mas pensamos: "Esses fãs estão esperando há um tempão." E foi bom sentar e conversar com eles um pouco.

Siva: Na manhã do lançamento do single, chegamos ao 20º lugar na lista do iTunes, depois, às 18h do mesmo dia, nós éramos número 1. Aquilo foi muito animador, mas não era a lista oficial, então ainda não tínhamos certeza. À medida que a semana foi passando, a reação durante as sessões de autógrafos nos dizia que as coisas iam bem, mas ainda estávamos pensando: "Ok, como foi que isso aconteceu?" Não parecia real.

Além disso, o single do Flo Rida estava encostando na gente, especialmente durante o fim de semana. Estávamos muito nervosos com a possibilidade de ele nos ultrapassar!

Max: No domingo, quando a lista dos mais vendidos é anunciada, todo mundo da equipe estava junto, e o Colin Barlow, da Geffen, veio nos encontrar e conversar conosco. Do nada, ele disse: "Rapazes, eu queria agradecer a vocês por todo o trabalho e dizer que vocês chegaram ao primeiro lugar das paradas." A princípio, ficamos lá sentados, em silêncio, depois começamos a chorar como bebês. Foi mágico!

95.8 CAPITAL FM

Tom: Foi o melhor momento da minha vida e eu tenho certeza de que o resto da banda pensa o mesmo. É claro que eu tenho várias lembranças felizes da minha infância, mas nada se compara ao sentimento de alguém te dizer que você é o artista número 1 no Reino Unido. Eu não chorava assim há anos. Essa conquista está gravada na história para sempre. Nós somos número 1 para sempre e é algo que vamos poder contar para nossos filhos e netos. Foi algo como: "Nós conseguimos e podemos nos orgulhar de nós mesmos, rapazes!" Todo aquele trabalho duro deu retorno. Fomos estraçalhados por três ou quatro meses, mas valeu a pena, e eu não mudaria isso por nada no mundo. Parece que a gente surgiu do nada muito rápido, mas nos esforçamos muito antes de chegar ao número 1.

Max: Quando gravamos "All Time Low" no estúdio, sabíamos que era uma boa música. Isso estava claro. Até pensamos: "Essa pode estourar." Mas quando nós pensamos "estourar", era algo como Top 100, não "estourar" como número 1. Não esperávamos por isso. Foi um grande momento!

O FUTURO

Jay: Desde o número 1, não paramos nem por um segundo. Tem sido uma mistura de aparições, apresentações e visitas a estações de rádio e estúdios. Fomos para a Alemanha – onde chegamos a conhecer o ator David Hasselhoff! –, e há planos de ir para os Estados Unidos... uma loucura.

Siva: Quando o The Wanted começou, trabalhamos um pouco e depois esperamos por duas semanas. Agora, temos sorte se tivermos um dia de folga a cada duas semanas. Há tanto trabalho a fazer, e por isso você precisa ter uma ética de trabalho muito forte. Esse não é um emprego de expediente convencional. Se você termina tarde uma noite, mas, de repente, alguém precisa que você vá para algum lugar depois, você tem que ir. Não tem "se", não tem "mas", simplesmente tem que fazer. Você tem que fazer, porque há cinco de você. Você tem que manter sua ética profissional intacta, porque se um de nós começar a ficar para trás, então tudo se desfaz – os planos de todo mundo estão conectados. Nós somos uma banda.

Tom: Virou uma loucura, para ser bem honesto. Todo mundo nos compara ao Take That, o que é um grande elogio, mas eu acho que nós ainda temos que melhorar muito para chegar perto do nível deles. Espero que algum dia a gente chegue lá.

Todos nós na banda valorizamos a oportunidade que nos foi dada. Sendo de famílias de classe trabalhadora, damos valor a tudo. Às vezes, ganhamos roupas e comida de graça, até mesmo férias com tudo pago, e ficamos sem entender nada. Tentamos manter nossos pés no chão.

Jay: Conhecemos várias celebridades agora e muitas vezes elas agem como se tivéssemos que nos curvar aos pés delas, e eu me sinto muito ignorante se não sei quem elas são. Não quero ser uma dessas pessoas que entra num lugar e não se apresenta porque acha que todo mundo sabe quem ela é. Que tipo de atitude é essa?

Sabemos que estamos numa redoma. Sabemos tudo que fazemos todos os dias e lemos todas as notícias, sabemos de todos os shows, mas a realidade é que ninguém tem ideia do quão longe nós já chegamos. O número 1 foi um grande indicador de que essa banda já é maior do que a gente imaginava. Quem sabe o que vem a seguir?

Nathan: Acho que não há limite para o que a gente pode conseguir. Temos que continuar tentando superar nossas expectativas, trabalhar duro e simplesmente ver para onde a vida vai nos levar.

Max: Estamos passando por um momento inacreditável agora, e se ele se estender por anos, vai ser ótimo; se não, pelo menos vamos poder olhar para trás e dizer que vivemos o melhor momento das nossas vidas.

Temos que continuar tentando superar nossas expectativas, trabalhar duro e simplesmente ver para onde a vida vai nos levar.

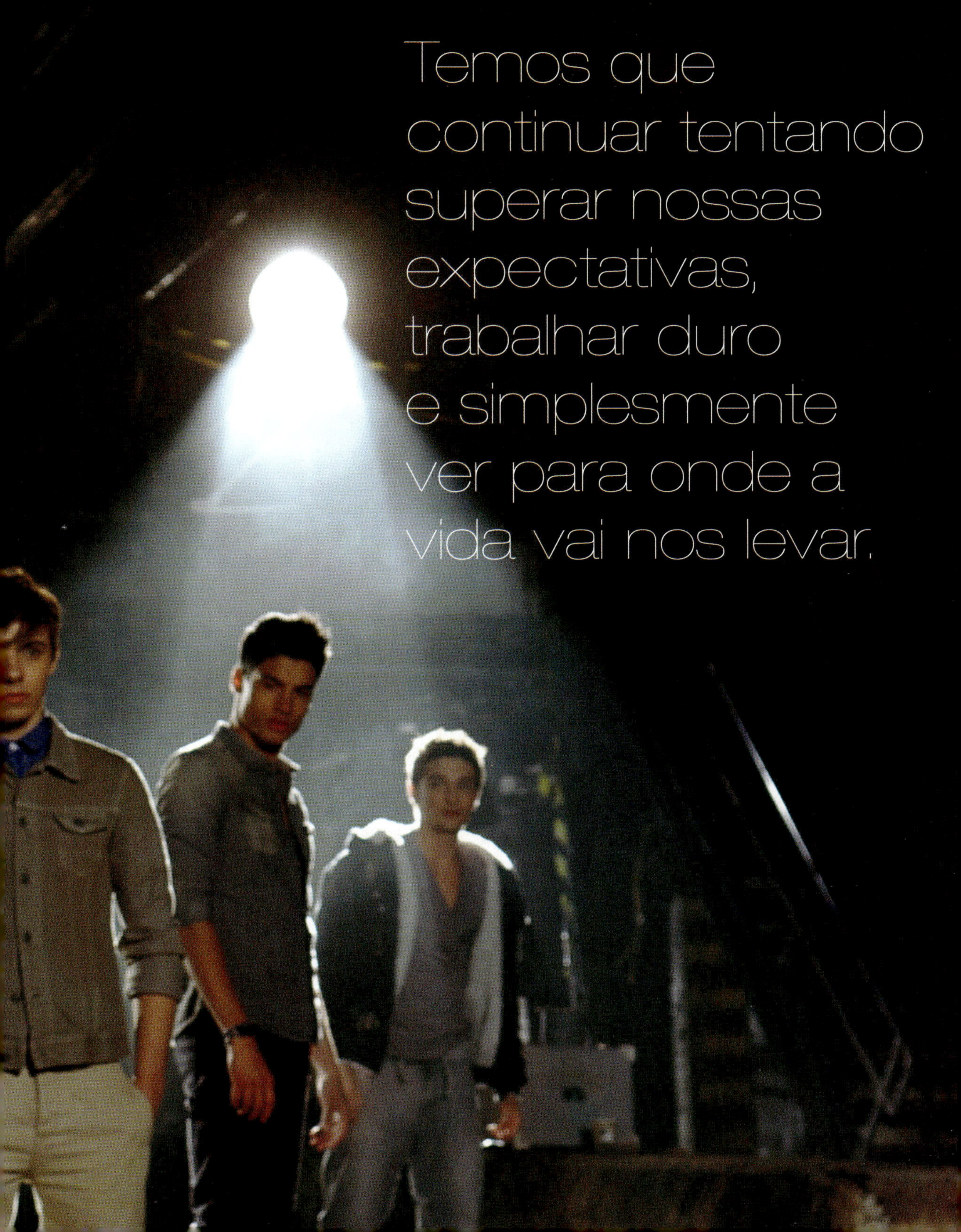

OS FÃS

Jay: Nossos fãs são incríveis. Passamos tanto tempo no Twitter e no Facebook que, por um tempo, nos tornamos antissociais. Ficamos realmente viciados em conversar com todo mundo. Agora conhecemos tantas pessoas que até quando estamos na frente de uma plateia lotada, olhamos e vemos umas cinquenta pessoas que conhecemos numa boate ou com quem trocamos e-mails há um tempão, e acenamos para elas. Nunca imaginei que seria assim, que fosse possível conhecer seus fãs desse jeito.

Siva: Consigo lembrar de duas situações que resumem nossos fãs. Uma vez, eu e Jay estávamos saindo de um carro de uma estação de rádio e tinha uma garota lá vestindo uma camiseta com "Jiva" escrito, porque ela era fã de nós dois. Isso foi incrível, muito original, eu adorei. E tem mais, ela estava lá completamente sozinha. Normalmente os fãs vão para os lugares em grupos, mas essa garota só queria dizer "oi" e nos apoiar, ela não se importava em estar sozinha. Além disso, é claro, teve a tarde de autógrafos em Westfield, que foi uma loucura. Em muitos eventos desse tipo, ficamos tristes pelos fãs quando notamos que a fila tem que ser fechada porque tem muita gente. Ficamos superchateados da primeira vez que isso aconteceu, mas no evento seguinte, os mesmos fãs que ficaram de fora apareceram para fazer fila de novo — você pode acreditar? Nós temos muita sorte de ter fãs como esses.

Nathan: É muito estranho, mas é ótimo saber que você pode transformar o dia de alguém que está tendo um dia ruim simplesmente mandando um tuíte. Você pode dizer algo como "Espero que seu dia melhore logo, querida", e ela responde dizendo que sua mensagem a fez sorrir. É muito bom saber disso. E a recíproca é verdadeira. Se a imprensa fala mal de um de nós, os fãs sempre são os

primeiros a nos apoiar. Eles também te avisam dos comentários ruins! Quando entro no Twitter, às vezes tem alguém dizendo: “Nathan, não acredito que eles disseram isso sobre você!” E eu me pergunto: “Disseram o que sobre mim?!” Eles são simplesmente incríveis.

Max: Quando você ouve falar de todas essas coisas que os fãs fizeram, do tanto que eles se esforçaram, é simplesmente incrível. Eu batizei nossos fãs de “Fã-mília”! Brega, não é mesmo?! Mas é só porque nós gostamos muito deles. A forma como eles nos apoiam e nos seguem para todos os cantos. Não sei o que faria sem eles. Uma palavra para resumi-los: lealdade. Eles têm sido maravilhosos, realmente incríveis.

Tom: Os fãs são muito importantes na existência do The Wanted, muito mesmo. O apoio que eles nos dão é incrível. Nós sempre os envolvemos em competições e em vídeos on-line e vamos continuar tentando interagir com eles tanto quanto pudermos. Acho que é isso que faz com que os fãs sintam como se nos conhecessem e com que sintamos que os conhecemos. Nós sempre lembramos o nome deles — outro dia estava conversando com uma garota e ela não podia acreditar que eu lembrava o seu nome. Mas para nós essas são as pessoas que compram nossos CDs, que vão aos nossos shows e que fazem com que tudo isso seja possível, então não custa nada lembrar o nome delas e mandar uma mensagem. Só quero que os fãs saibam o quando damos valor a eles.

THE
WANTED

in your heart,
inyour heart...

OBRIGADO AOS NOSSOS FÃS

Nossos fãs são tão importantes para nós que queríamos achar uma forma de ter o maior número possível de vocês no livro para agradecer por todo o apoio. Nas próximas páginas, você vai encontrar os sortudos vencedores dos concursos do livro: *Heart2Heart*, Entrevistador Convidado e Jogo Rápido. Ficamos surpresos com o retorno que tivemos. Vocês são fantásticos! Adoraríamos colocar todos vocês no livro, mas infelizmente só temos espaço para alguns. Você foi um dos sortudos?!

Heart2Heart

Nesta página e na anterior você encontra os vencedores da nossa competição *Heart2Heart* (veja também os créditos das imagens na página 192).

ENTREVISTADOR CONVIDADO

Pedimos que vocês mandassem as perguntas mais inusitadas em que pudessem pensar e que ninguém tenha nos perguntado antes. Aqui está uma pequena seleção das melhores.

O que te inspira a escrever uma música nova? (Kate Rodgers)
NATHAN: Estar infeliz no amor.

Você tem algum ritual ou superstição pré-show? (Rebecca Baker)
SIVA: Sim, eu amarro o cadarço do sapato direito bem apertado. É só uma coisa que eu sempre faço.

No que você pensa quando fica nervoso no palco? (Sophie Lewsey)
JAY: Eu tentava me distrair, mas então descobri que estar nervoso é bom, porque te enche de adrenalina e faz com que a apresentação seja mais contagiante.

O que seus amigos fora da banda pensam a respeito do seu sucesso? (Gemma Bayley)
JAY: A maioria fica chocada, já que sou a última pessoa que eles escolheriam para uma *boy band*, mas todos estão orgulhosos por alguém da minha região fazer parte da banda, e estão ansiosos para nos verem crescer.

Você sente falta de sair sem ser reconhecido? (Evy Robinson)
SIVA: Nem um pouco. Sem nossas fãs nós não chegaríamos a lugar algum e é um grande elogio, isso mostra que estamos fazendo a coisa certa.

Qual foi o maior desafio que você teve como integrante da banda? Você conseguiu superá-lo? Se sim, como? (Emma Louise Balcers)
NATHAN: No começo, por ser muito tímido fora do palco, foi difícil me acostumar a dar entrevistas e a ser fotografado. Aprendi a aceitar esses desafios e encará-los como parte do trabalho.

Se você tivesse que escutar uma única música pelo resto da sua vida, qual seria? (Sarah Marie Chambers)
JAY: "Bohemian Rhapsody", porque são praticamente sete músicas em uma só!

Qual foi a primeira impressão que você teve dos outros quando os conheceu? (Rachel Lawrie)
MAX: Eu achei que o Nathan fosse um garoto quieto e prestei atenção nele durante os testes; o Jay era um verdadeiro cavalheiro; o Siva era o irmão gêmeo dele; e o Tom me lembrava do mercado de Bolton.

Se você tivesse que ser um dos outros membros do The Wanted, qual você seria e por quê? (Evie Miles)
JAY: Eu seria o Nathan, porque adoraria saber tocar piano, mas seria estranho ser baixinho — a temperatura deve ser diferente lá embaixo!

Quando aconteceu seu primeiro beijo e onde foi? (Victoria Lovelock)
TOM: Meu primeiro beijo foi no cinema, quando eu tinha 12 anos, com uma garota que mordeu meu lábio!

Quem dá os melhores abraços? (Stephanie Crampton)
MAX: Meu cachorro, Elvis.

Qual é sua lembrança favorita da infância? (Jayne Entwistle e outros)
NATHAN: Cantar em Old Trafford (quando ganhei aquela competição).

Se você pudesse ser uma garota por um dia, o que você faria e por quê? (Sophie Clark e outras)
JAY: Daria uma piscadinha para todos os garotos, só para dar a eles um pouco de esperança! E iria ao banheiro feminino com outras garotas para descobrir sobre o que elas ficam fofocando!

Qual foi o pior desafio que você já teve que cumprir? (Ellena Walker)
SIVA: Pulei de um prédio bem alto e caí na lama, no jardim de alguém. Eu não faria isso de novo.

Quem é/são seu(s) ídolo(s)? (Lucy Cadman)
TOM: Liam Gallagher, John Lennon e os Beatles.

Se você dominasse o mundo amanhã, o que gostaria de fazer primeiro? (Edwina Healey-Lapena)
NATHAN: Fazer uma lei que ordene que todos tenham um CD do The Wanted.

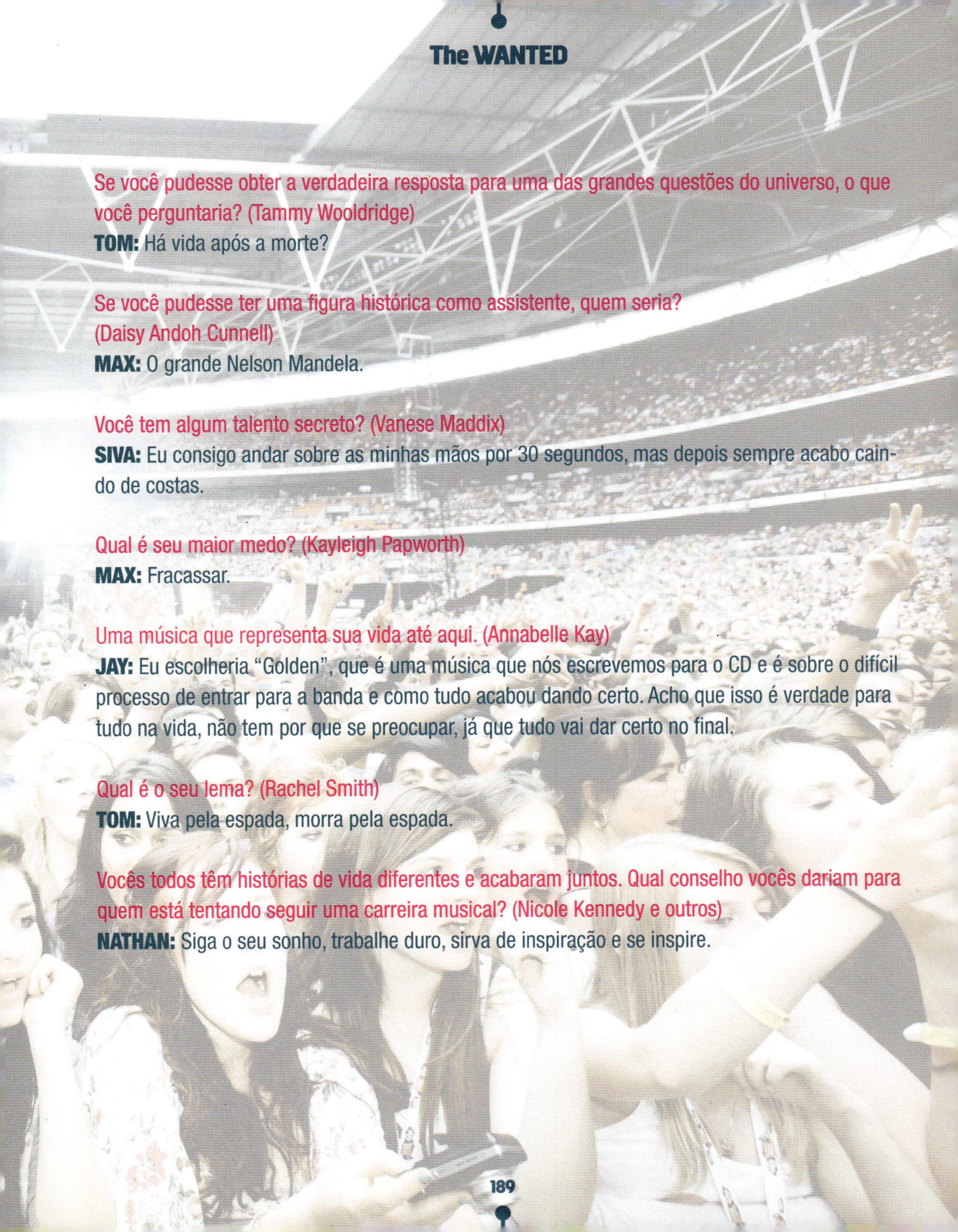

Se você pudesse obter a verdadeira resposta para uma das grandes questões do universo, o que você perguntaria? (Tammy Wooldridge)
TOM: Há vida após a morte?

Se você pudesse ter uma figura histórica como assistente, quem seria? (Daisy Andoh Cunnell)
MAX: O grande Nelson Mandela.

Você tem algum talento secreto? (Vanese Maddix)
SIVA: Eu consigo andar sobre as minhas mãos por 30 segundos, mas depois sempre acabo caindo de costas.

Qual é seu maior medo? (Kayleigh Papworth)
MAX: Fracassar.

Uma música que representa sua vida até aqui. (Annabelle Kay)
JAY: Eu escolheria "Golden", que é uma música que nós escrevemos para o CD e é sobre o difícil processo de entrar para a banda e como tudo acabou dando certo. Acho que isso é verdade para tudo na vida, não tem por que se preocupar, já que tudo vai dar certo no final.

Qual é o seu lema? (Rachel Smith)
TOM: Viva pela espada, morra pela espada.

Vocês todos têm histórias de vida diferentes e acabaram juntos. Qual conselho vocês dariam para quem está tentando seguir uma carreira musical? (Nicole Kennedy e outros)
NATHAN: Siga o seu sonho, trabalhe duro, sirva de inspiração e se inspire.

JOGO RÁPIDO

Nós sabemos que a "Fã-mília" é uma galera dedicada, mas não podíamos acreditar no quão rápido vocês responderam à nossa competição! Levou menos de um minuto para a resposta vencedora chegar até nós depois que nossa mensagem foi publicada no Facebook, e os primeiros cinquenta e-mails foram recebidos dentro de dois minutos. Uau! Aqui está a lista de chamada de honra:

1. Sophie Louisa Cordell
2. Eve Smith
3. Lucy Archer
4. Faye Molly Fullerton
5. Alexandra Rowley
6. Rebecca Wilson
7. Alana Withersby
8. Clare Glynn
9. Jodee Lee Spencer
10. Lizzie Holman
11. Aneesa Siva Iqbal
12. Stacey Fenwick
13. Scott Davies
14. Amelia Birkin
15. Izzy Slocombe
16. Polly Freestone
17. Kezza Davenport
18. Lizzie Hancock
19. Tammy Wooldridge
20. Penny Crocker
21. Maisie O'Donnell e Georgia Gill
22. Harpeet Gill
23. Helen Roberts
24. Shannon O'Sullivan
25. Charlie Leavy
26. Nicola Craig
27. Jodie White
28. Katy Race
29. Eleanor Abbott
30. Chelsea Odonnell
31. Katie Rebecca Lewis
32. Justine Barnett
33. Annabelle Kay
34. Amina Sharif
35. Sam Watson (Samsam)
36. Olivia Smith
37. Ayisha Akamo
38. Sophy Blyth
39. Mahlet Tadesse
40. Lauren Ballantyne
41. Marika Moverley
42. Mollie Bolton
43. Beth Rose
44. Sophia Bray
45. Lizi
46. Chloe Verrier
47. Samantha Kate Bearman
48. Fiona Lawrence
49. Jenna, Penny, Shivonne e Leanne
50. Chloe Nicole Langton

AGRADECIMENTOS DA BANDA

Obrigado ao "Gasparzinho ghost-writer camarada" Martin Roach — um escritor incrível e uma pessoa incrível (dito sussurrando...).

A todos os fotógrafos envolvidos na produção deste livro.

A Natasha Martin e a todos da Pan Macmillan.

A todos os nossos amigos e familiares pelo amor e apoio... e financiamento!

À nossa equipe de estilo incrível: Luke, Danielle, Eilidh, Luan, Debs e Dangerous Dave!

Ao Rob, Jayne e a todos da nossa equipe da Maximum Artist Management; ao nosso músico e guru, Colin; a todos da Geffen e à inacreditável Ashley e a todos da Global. Vocês acreditaram em nós desde o começo (mesmo que tenhamos dado um pouco de trabalho às vezes!)

A Sarah e David, que passaram muitas horas se preocupando com as fotos e com a nossa ortrogafia e. pontuação terríveis,

E ao amor das nossas vidas... Jayne, pelo duro que ela deu para produzir um ótimo livro e que, nós temos certeza, quis nos matar várias vezes enquanto estávamos no processo de escrita!

E para todos que nos ajudaram a chegar ao ponto em que nós realmente podemos escrever uma lista de agradecimentos no NOSSO PRÓPRIO LIVRO!!!!!

........#itsaTWthing

CRÉDITO DAS IMAGENS

Os autores e a editora gostariam de agradecer Ellis Parrinder, Annabel Vere, Debbie Bragg e Barney Poole pela permissão para reproduzir suas fotos neste trabalho.

Eles também gostariam de agradecer: nas páginas 2-3 e 166, Max Dodson; página 117, meio inferior, Rob Gable; página 149, Bill Walters; páginas 170-171, Hayley Madden (2010 Arqiva Commercial Radio Awards). Um muito obrigado às famílias da banda, que vasculharam seus álbuns de fotografia.

Um obrigado especial a todos os fãs que mandaram fotos para as páginas 184, 185 e 186. Eles são (da esquerda para a direta): Emma Louise Balcers, Jodee Spencer, Marion McIntosh, Heather Lafferty, Amber Gribben, Laura Johnson, Althea Marshman, Michael Carter, Daniel Tang, Ella Green, Natasha Sparks, Lucie Moore, Donna Prince, Kimberley Shaw, Cali Sharp, Georgia Litherland.

E finalmente, um obrigado para a equipe da Maximum Artist Management:

CRÉDITOS

Diretora de criação	: Jayne Collins
Diretor de criação assistente	: David Cooper
Estilista	: Luke Day
Assistente de Luke Day	: Eilidh Greig
	: Danielle Emerson
Figurino	: Luan Sampson
Cabelo	: Nick Peters, da equipe de Daniel Galvin
Maquiagem	: Debbie Gallagher usando Mac

global TALENT GEFFEN Maximum Artist Management

Impressão e Acabamento: Prol Gráfica e Editora Ltda.